KB048151

어웨이크

익숙함을 버리고 불편함을 선택하라

어웨이크

피터 홀린스 지음 | **공민희** 옮김

내 머리카락은 사방으로 뻗쳤고 끈으로 머리에 단단히 고
정한 고글 속 눈은 건조해지기 시작했다. 나는 이제 막 비
행기에서 뛰어내리려는 참이고 등 뒤로는 남자 한 명과
낙하산 하나가 전부다. 난 고소 공포증이 있다. 등 뒤의 남
자가 카운트를 하는 동안, 나는 속으로 생각했다. '이게 내
인생의 마지막 순간이면 어쩌지?'

되감기 버튼을 눌러 내가 처음 '샌드라'라는 이성을 만
났던 몇 년 전으로 돌아가 보자. 그때 우리는 이른바 '썸'
을 탔다. 그런데 인연이 아니었던지 내가 애인과 헤어져

혼자가 됐을 때는 그녀에게 애인이 생겼고, 그 뒤로는 반대의 상황이 이어졌다. 이런 식으로 한동안 어정쩡한 관계를 이어가다가 어느 운명의 여름, 우리는 드디어 둘 다 솔로로 돌아와 서로 사귈 준비가 되었다.

당시 나는 십대 때보다 많이 활달해진 편이었지만, 샌드라에 비하면 완전 책벌레였다. 그녀는 모험과 스릴을 즐기는 엄청나게 대담한 성격이었다. 나라면 무서워서 하지 못했을 행동을 거리낌없이 하는 그녀였기에 나는 그녀를 동경했고, 부러워했다.

나 역시 한편으로는 그녀처럼 되고 싶었고, 무엇보다 연인으로 발전하고 싶었기에 샌드라가 스카이다이빙을 하면서 무더위를 날려버리자고 했을 때 선뜻 동의했다. 날짜를 잡은 뒤에는 일이 일사천리로 진행됐다.

나는 두려워질 때마다 만약에 죽게 되더라도 샌드라와 함께하는 즐거운 시간이 될 거라고 위안했다. 이 경험을 함으로써 샌드라와 연인이 될 가능성이 커질 것이고 남들에게 자랑할 만한 멋진 사진도 남으리라. 그것들은 내가 스카이다이빙을 하기로 마음먹는 데 강한 긍정적인 동기,

즉 '당근'이 되어주었다. 또한 나는 이 기회를 잡지 않아 치르게 될 대가가 무엇인지도 파악했다. '고작 몇 분을 못 참아 샌드라를 실망시키면, 나중에 엄청나게 후회하게 될 거야'라는 생각이 '채찍'이 되어준 것이다.

나는 이 동기들을 분명하게 인식하면서 두 눈을 질끈 감고 비행기에 올랐다. 그리고 뛰어내릴 때는 두려움을 잊으려고 어떻게 하면 멋있게 뛰어내릴 수 있는지에만 신경을 쏟았다. 샌드라는 이런 내 모습에 감동했고 나는 여름 내내 그녀와 즐겁게 데이트했다.

이후 다른 이유로 샌드라와는 연인으로 발전하지 못했다. 그래도 이 경험을 통해 개인에게 익숙하고 편안한 곳을 뜻하는 '안전지대 comfort zone'를 벗어나 새로운 경험을 하는 것에 대해 생각하게 되었다. 드디어 나도 스카이다이빙을 경험함으로써 안전지대를 벗어나 새로운 세계로 나아간 것이다.

사실 사람들에게 안전지대가 있는 건 이유가 있다. 누구나 안정을 느끼고 자신의 연약함을 감추고 싶어 하기 때문이다. 안전지대는 추울 때 덮는 담요처럼 편안함과 안도감을 느끼게 한다. 그러나 평생 이처럼 이불 속에 웅크리고 있다면 어떤 경험을 할 수 있을까? 무엇을 얻을 수 있을까? 죽고 난 뒤 묘비에 뭐라고 쓸 수 있을까?

이런 물음에 대한 대답은 모두 같다. 바로 아무것도 없다는 것이다. 인생에서 빛나는 모든 순간은 우리의 안전지대 밖에 자리한다. 어떤 것은 좀 가까이, 또 어떤 것은 좀 멀리 있을 뿐이다.

성장, 배움, 발전 역시 모두 안전지대 바깥에 있다. 성취, 실현, 만족도 마찬가지다. 이것들은 두려움, 불안, 미지라는 장벽 너머에 자리한다. 조금 직설적으로 말하자면, 대부분의 사람에게 안전지대는 안전을 위한 장소가 아니다. 두려움과 실패에 대한 공포에서 벗어나기 위한 곳일 뿐이다.

안전지대를 탈출하는 일은 생각보다 어렵지 않다. 원하는 것을 붙잡으려는 적절한 동기만 있다면 충분하다. 나의 예를 보면 '샌드라의 마음을 사로잡겠다'라는 생각이 한 번도 해보지 못한 스카이다이빙에 도전하는 데 강한 동기가 되었다.

이 책에서 나는 파란만장한 나의 데이트 역사를 시시콜콜 늘어놓으려는 게 아니다. 왜 우리가 안전지대에 머무는지, 무엇이 우리를 그곳에서 벗어나지 못하게 하는지, 안전지대에서 벗어나 원하는 삶을 살 수 있게 해주는 동기가 무엇인지 이야기하고 싶다. 안전지대를 벗어나야 하는 이유를 스스로 반복해서 들려주면, 안전지대 밖의 무언가가 삶을 바꿔놓는다는 사실을 알게 될 것이다.

안전지대에서 벗어나면 무엇이든 할 수 있다. 그리고 그런 인생을 살지 못하게 하는 건 당신 자신 말고는 아무것도 없다.

차례

시작하며 4

제1장 ◆ 인생에서 이루고자 하는 모든 것은 안전지대 밖에 있다   13

가벼운 자극이 삶을 극적으로 변화시킨다 ｜ 안전지대 안에서는 얻을 수 없는 것들 ｜ 새로움은 뇌를 더 행복하게 만든다 ｜ 후회할 선택을 하고 있지는 않은가

제2장 ◆ 도전에 대한 두려움은 어떻게 없앨 수 있을까   35

부정적인 생각을 멈추는 세 가지 방법 ｜ 불안감에 압도당하지 않으려면 ｜ 통제하려는 마음을 버려라 ｜ 걱정보다 호기심에 집중한다

제3장 ◆ '나는 여기까지야'라는 생각에서 벗어나기   65

용기는 특별한 사람만 가질 수 있는 걸까 ｜ 사람들은 나에게 관심이 없다 ｜ 스스로 만든 이야기에서 깨어나기 ｜ 그동안 가졌던 믿음을 깨부 쉬라

제4장 ◆ 시작은 기적을 일으키는 유일한 방법이다   99

완벽주의는 핑계일 뿐이다 ｜ 계획은 실행이 아니다 ｜ 뛰어들기에 가장 완벽한 타이밍 ｜ 포기는 실패가 아니라 선택사항 중 하나다

제5장 ◆ 익숙함을 버리고 불편함을 선택하라   119

불편한 환경이 나를 성장시킨다 ┃ 욕구에 지배되지 않는 방법 ┃ 융통성이 필요하다

제6장 ◆ 또 다른 나로 새롭게 태어나라   145

가면을 쓰면 자유로워진다 ┃ 두 번째 자아를 형성하라 ┃ 새로운 자아가 기존의 자아에 미치는 영향 ┃ 자신의 한계를 뛰어넘기 위한 다섯 가지 요건

제7장 ◆ 자신의 숨겨진 가능성을 찾아라   169

나를 가로막는 건 나밖에 없다 ┃ 자신의 당근과 채찍을 파악하라

제8장 ◆ 완벽한 목표보다 사소한 습관을 만들어라   189

자신감을 최대로 끌어올리는 세 가지 방법 ┃ 인생을 반전시키는 특별한 기술 ┃ 삶의 기회를 포착하기 위한 다섯 가지 요건

제9장 ◆ 인생은 모험이 아니면 아무것도 아니다   211

마음껏 이상해져라 ┃ 변화의 가속도를 높이는 방법 ┃ 일곱 살로 돌아가라 ┃ 자신의 결정 패턴을 파악하라

마치며 226

제1장

인생에서
이루고자 하는
모든 것은
안전지대 밖에 있다

Awake

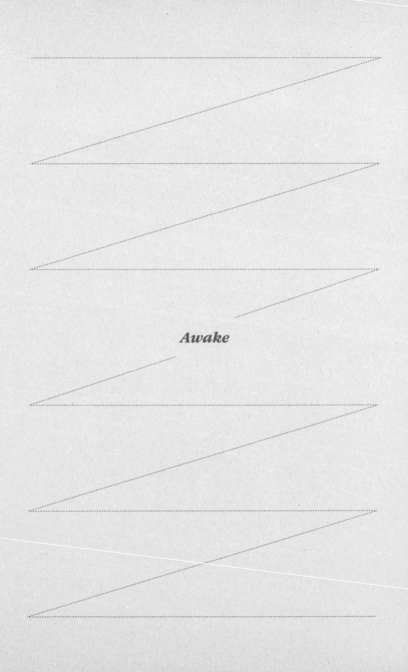

Awake

인간은 편안함을 추구하는 존재다. 대부분의 사람은 삶에서 친숙함을 갈망한다. 분위기나 상황에 익숙할수록 어떻게 대처해야 하는지 더 잘 알 수 있기 때문이다. 그래서 예상 가능한 환경을 선호하고 불확실한 미래에 대처하기 위해 자기 자신을 훈련한다.

'안전지대'는 이처럼 대다수의 사람이 선호하는, 익숙하고 안정감을 느끼는 공간을 말한다. 즉, 우리 마음속에 있는 가상의 장소다. 그 공간을 구성하는 요소는 저마다 다르다.

우리는 사는 곳, 인간관계, 전문 분야 등에서 안전지대의 형태를 만든다. 당신의 안전지대는 마음을 달래주고 즐겁게 해주는 오랜 친구나 가족일지도 모른다. 자주 가는 커피숍이나 공원이 안전지대가 될 수도 있다. 또는 쉽게 할 수 있는 일상적인 업무나 아무 문제 없이 잘 돌아가는 상태를 의미할 수도 있다. 이처럼 규칙적이고 일상적인 습관 속에서 친숙함과 안정감을 느끼게 하는 것이라면 모두 안전지대가 될 수 있다.

문제는 이 안전지대를 대하는 태도다. 대부분의 사람은 익숙하고 친숙한 환경에서 느끼는 안정감과 편안함을 잃고 싶지 않기에 새로운 것을 시도하기보다 계속해서 안전지대에 머무르려고 한다.

안전지대에서 벗어나지 않으려는 이유는 더 있다. 자신에게 익숙하고 친숙한 상황에 머물면 늘 자신감이 넘치고, 무엇이든 할 수 있다고 느낀다. 설령 위험요인이 있다고 해도 매우 사소한 수준이다. 이런 상황에 머물면 스트레스와 불안 지수가 낮아지고, 행복과 자기 확신을 느낄 수 있다.

일상적이고 위험이 적은 안전지대 안에 있으면 마음이 안정되고 차분해지기 때문에 휴식이 필요할 때는 그곳에 머무를 필요도 있다. 그러나 풍요로운 삶을 살기 위해서는 이곳에서 벗어날 줄도 알아야 한다. 당신이 인생에서 이루고자 하는 모든 것은 안전지대 밖에 있다.

가벼운 자극이 삶을 극적으로 변화시킨다

안전지대에 관한 개념은 20세기의 대표적인 행동 실험에 기반을 두고 있다. 1908년, 심리학자 로버트 M. 여키스 Robert M. Yerkes와 존 D. 도슨 John D. Dodson은 갑작스러운 자극이 개인의 생산성에 어떤 영향을 미치는지 실험했다. 연구팀은 미로에 실험 쥐를 넣고 약한 전기 충격을 주어 스트레스가 미로를 탈출하려는 노력에 어떤 영향을 끼치는지 살폈다. 어떤 결과를 얻었을까? 여키스-도슨 곡선으로 널리 알려진 다음 그래프를 통해 실험 결과를 살펴보자.

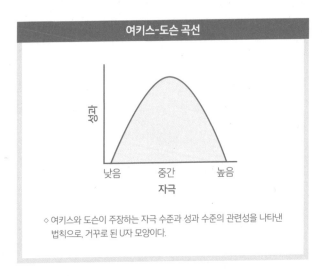

여키스-도슨 곡선

성과 / 자극: 낮음 / 중간 / 높음

◇ 여키스와 도슨이 주장하는 자극 수준과 성과 수준의 관련성을 나타낸 법칙으로, 거꾸로 된 U자 모양이다.

위 그래프는 실험 대상이 받은 자극이나 스트레스의 수준과 과제 성취 여부의 관계를 보여준다. 당연하게도, 낮은 수준의 자극이나 압박은 낮은 성과로 이어졌다. 일리가 있는 결과다. 동기가 약하다면 행동하고자 하는 의지도 별로 없기 때문이다.

좀 더 높은 자극이 가해져 스트레스 수준이 높아지면 성과 역시 올라갔다. 그러나 지나친 자극으로 불안감이나 긴장도가 너무 높아지면, 성과가 다시 낮아졌다.

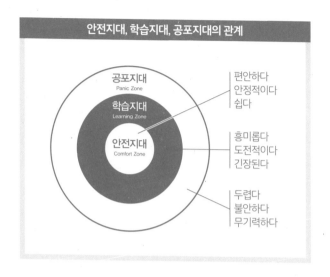

안전지대, 학습지대, 공포지대의 관계

공포지대
Panic Zone

학습지대
Learning Zone

안전지대
Comfort Zone

편안하다
안정적이다
쉽다

흥미롭다
도전적이다
긴장된다

두렵다
불안하다
무기력하다

여키스와 도슨의 곡선은 댄 블루웨트 Dan Blewett가 제시한 위의 도식과 비교할 수 있다. 이 도식에서 안전지대는 가장 안쪽에 자리한다. 안전지대에 해당하는 원에서 좀 더 자극이 있는 바깥쪽으로 움직이면 대상은 과제를 수행하기 위해 활발히 학습하고 정신적인 에너지를 쏟는다. 그러나 너무 빨리, 또는 너무 멀리 움직이면 강렬한 불안과 공포가 생겨나 결국 과제를 실행하지 못하게 된다.

두 그림이 보여주는 결과는 분명하다. 편안하고 만족을

느낄 때는 너무 느긋한 나머지 많은 것을 성취하지 못한다는 점이다. 안정감을 느끼는 것은 좋지만 너무 편하면 힘껏 노력하지 않게 되고, 더 성장하지 못하는 것은 물론 게으름이나 태만에 빠질 수도 있다. 다시 말해, 자극이 없으면 야망이 사라지고 성과가 떨어진다.

반면에 자신을 너무 극한으로 몰아붙여도 성취율이 떨어진다. 지나치게 산만해지거나 두려움이 커지기 때문이다. 또한 이러한 부정적인 감정을 줄이려 하다 보면 결국 포기하고 싶어지는 지경에 이르기도 한다. 이 단계에 이르면 다시 자연스럽게 안정감을 찾을 수 있는 안전지대로 피하게 된다. 이처럼 고요한 안전지대에서 벗어나 새로운 일에 도전하고 목표를 달성하기란 결코 쉽지 않다.

긴장이 생겼지만 감당할 수 있는 정도의 중간지대에 있을 때 이 상태를 '적정불안optimal anxiety'이라고 부른다. 이 지점은 안전지대에서 단 몇 걸음 밖에 위치한다. 적정불안 상태에서는 실행력이 높아질 정도로만 스트레스를 받고, 생산성이 떨어질 만큼 고통스럽지 않기에 최대의 성과를 낼 수 있다. 자신을 이 중간지대로 나아가게 한다면 목표 달성에 필요한 능력을 가장 빨리 높일 수 있다.

세상에서 스트레스를 가장 많이 받는 직업인 항공교통 관제사를 예로 살펴보자. 그들은 업무에 임할 때 절대 느긋한 마음가짐이 될 수 없다. 승객과 승무원의 안전을 위해 들어오고 나가는 비행기의 상황과 날씨는 물론, 각종 외부 요인을 낱낱이 살펴야 하기 때문이다.

관제사의 적절한 불안과 걱정은 이런 요소들을 분명하게 파악할 수 있도록 도와주고, 항공기의 안전한 이착륙에 필요한 지시를 내리게 해준다. 그러나 불안감이 걷잡을 수 없이 커지면 혼란에 빠져 냉철함을 잃어버리고, 결국 업무 성과가 떨어져 비극적인 상황을 야기할 수도 있다.

안전지대 안에서는 얻을 수 없는 것들

너무 가혹하게 들릴까 봐 한 가지 확실히 해두고자 한다. 자신만의 안전지대를 가지는 일은 결코 나쁘지 않다. 본질적으로 안전지대는 옳다, 그르다로 나눌 수 있는 성질의 것이 아니다. 안전지대에 끌리는 이유는 밤에 잠을 자는 일처럼 인간이 가진 본성의 일부이기 때문이다.

안전지대에서 벗어나면 걱정과 불안이 커지지만 이는 관점에 따라 긍정적일 수도, 부정적일 수도 있다. 누군가에게는 새로운 기회를 통해 얻게 되는 보상이 안전지대를 포기할 만큼 크게 와닿지 않을 수도 있다. 그런 사람은 현재의 자리에 만족하고 그 상태로 완전함을 느낀다.

그러나 스스로 발전하고 앞으로 나아가고자 하는 사람이라면 안전지대 안에서만 머무는 일이 전혀 만족스럽지 못할 것이다. 만약 당신이 진정으로 성장하기를 바라고 그동안 얻었던 것과는 다른 결과를 원한다면, 반드시 두려움을 이겨내고 안전지대에서 벗어나야 한다.

인터넷 블로거로 예를 들어보자. 그들은 블로그에 사진과 설명, 인용구, 글귀 등을 써서 상당한 소득을 올린다. 그런데 개중에는 좀 더 분량이 길고 의미 있는, 이를테면 소설을 쓰고 싶은 욕망을 가진 블로거도 있을 것이다. 하지만 소설을 쓰려면 상당한 시간과 노력을 들여야 하며 자기 회의, 자격이 없다는 느낌, 자료 조사를 얼마나 해야 하는지에 관한 걱정 등 몇 가지 힘든 요인을 극복해야 한다.

대부분은 이런 두려움을 없애고 싶어 꿈을 포기하고 판에 박힌 일상에 머문다. 문제는 그다음이다. 이러한 선택을 하고 나면 현재의 상황에 만족하지 못하고 '혹시 이러면 어떨까? 저러면 어떨까?'라고 끊임없이 자문하며 괴로워하게 된다.

물론 누구에게나 안전지대는 있어야 한다. 휴식을 취하고 이따금 그저 '존재'할 필요도 있기 때문이다. 가끔 그곳에서 시간을 보내는 일은 전혀 나쁘지 않다. 그저 더 깊은 안전지대로 뛰어들지만 않으면 된다.

앞서 살펴본 연구 결과와 같이, 자신을 극한으로 밀어붙이다 보면 금세 몸이 축날뿐더러 의욕이 피로와 불쾌감으로 변해 모든 것이 귀찮아져 결국 손을 놔버리게 된다. 훌륭한 운동선수가 훈련 기간에 틈틈이 쉬는 것처럼 우리에게도 쉴 틈이 있어야 한다. 가끔 안전지대로 들어가는 일은 살아가는 데 꼭 필요한 회복의 과정이다.

문제는 안전지대에 너무 안주할 때 생긴다. 편안하고

정적인 상태로 오랜 시간을 보내고 나면 목표를 이루고자 노력하는 행동을 멈추게 된다. 한계에 도전하기를 그만두고 현재 상황에 만족해버리고 마는 것이다. 이러한 몽유 상태에서는 좋은 기회들이 허망하게 사라진다. 새로운 재능을 발견하고 자신의 진정한 잠재력에 다가가는 유일하고 확실한 방법은 안전지대에서 벗어나는 것이다.

계속해서 새로운 자극을 추구하는 아드레날린 중독자가 되라는 말이 아니다. 그저 낯선 것을 배우고 기술을 발전시키는 일을 즐거워해야 한다는 뜻이다.

안전지대는 결코 나쁜 곳이 아니다. 우리는 언제든 안정을 찾고 활력을 재충전할 필요가 있기 때문이다. 하지만 가장 이상적인 것은 안전지대 내에 머무르는 것이 아니다. 불안감을 느끼기는 하지만 안전지대보다 생산적으로 활동할 수 있도록 도와주는 외부에서 영감을 얻은 뒤, 다시 안전지대로 돌아가 회복하는 것이다.

새로움은 뇌를 더 행복하게 만든다

두뇌는 편안함을 느낄 때 '행복'을 느끼게 하는 화학물질인 도파민과 세로토닌을 분비한다. 하지만 여기에는 놀라운 반전이 숨겨져 있다. 한 연구에서 편안하고 안정적일 때뿐만이 아니라 자극을 받고 새로운 활동을 할 때, 즉 안전지대 밖에서 움직일 때 즐거움을 느끼고 두뇌 활동이 활발해진다는 사실이 밝혀진 것이다.

밴더빌트 대학교의 데이비드 잘드 David Zald 심리학 교수는 두뇌는 무서운 상황에서도 도파민을 방출하며, 더욱이 어떤 사람들에게선 오히려 편안한 상황보다 분비되는 정도가 더 크다는 점을 발견했다. 이 말은 곧 누군가는 스릴을 느끼거나 위험한 상황을 정말로 즐긴다는 뜻이다. 또한 잘드 교수는 많은 사람의 두뇌에 도파민의 분비와 소비를 조절하는 제동 장치가 없다고 덧붙였다.

즉, 위험과의 접촉을 즐기는 사람에게는 어느 정도의 불안감이 동기를 부여하는 지대한 효과를 줄 수 있으며 이러한 상황에서 느끼는 성취감이나 자부심이 즐거운 감정을 더욱 극대화할 수 있다는 것이다.

잘드 교수는 마찬가지로 스릴을 최대한 즐기려면 일상생활에서 안정감을 느껴야 한다고 말했다. 도파민, 아드레날린, 엔도르핀과 같은 화학물질이 머릿속에 쇄도하는 동안 신경체계에서 투쟁·도피반응이 일어나 스스로 보호받고 안전하다는 기분을 느껴야 한다는 것이다.

예를 들어, 공포 영화가 짜릿한 건 우리가 영화 속 공간이 아닌 극장이라는 안전한 곳에 있기 때문이다. 놀이공원에서도 안전벨트가 제대로 작동하고 레일을 정기적으로 점검한다는 사실을 알기 때문에 롤러코스터를 타며 스릴을 느낄 수 있는 것이다.

우리는 이처럼 안전한 방식으로 안전지대를 떠나는 여정을 경험한다. 스릴을 느끼지만 궁극적으로는 어떤 해도입지 않음을 아는 것이다.

도파민은 익숙하거나 무서운 것이 아닌 새롭고 참신한 상황을 마주했을 때도 분비된다. 이 화학물질은 뇌의 보상센터에서 나오는 보상물질과 같다. 그러나 최근 연구에 따르면 도파민은 단순히 보상을 제공하는 것보다는 보상을 추구하는 욕구와 더 관계가 깊다고 한다. 동물 실험을 한 결과, 뇌에 새로운 무언가가 투입되면 도파민 수치가 높아진다는 점이 입증된 것이다. 그런 다음 뇌는 동물이 보상을 찾기 위해 움직이도록 도파민을 다시 동기 요소로 방출했다.

미시간 대학교의 켄트 베리지Kent Berridge 교수는 쥐 실험을 통해 쾌락의 표출을 뜻하는 이른바 '정서적 표출'에 관해 연구했다. 연구팀은 우선 동영상 녹화를 통해 실험 쥐에게 음식을 준 뒤 혀를 내밀고 발을 핥는 즐거움을 표현하는 빈도수를 측정했다.

그다음 연구팀은 쥐에게 도파민 분비를 억제하는 약물을 투여했다. 그러자 신체적 쾌락 반응 횟수에는 변화가 없었지만, 얼마 지나지 않아 쥐의 동기가 약화하여 음식을 찾아다니려 하지 않는 태만한 쥐가 되어버렸다.

따라서 새로움을 좇는 일은 안전지대에서 벗어나고자 하는 잠재적인 움직임의 연장선으로 볼 수 있다. 새로운 것을 마주하는 데는 어느 정도 두려움이 동반되지만, 실질적으로 감지할 수 있는 즐거움을 느낄 수 있다.

안전지대에서 벗어나는 일이 두려운 것은 당연하다. 심지어 우리의 뇌도 그 점을 인정하고 있다. 그러나 대부분의 경우 기회를 잡고 새로운 경험을 할 때 즐거움과 쾌락을 얻을 수 있다. 이 긍정적인 효과는 어떤 두려움보다 더 강하다.

후회할 선택을 하고 있지는 않은가

이제 당신은 위험을 무릅써서 안전지대를 벗어나 얻을 수 있는 이득에 대해 알게 되었다. 그렇다면 안전지대에서 벗어나지 않아서 겪는 손실에는 무엇이 있을까? 이에 대해 알게 된다면 아마 당신은 오늘 당장 안전지대를 깨부수려 할지도 모른다.

세계적인 전자상거래 기업 '아마존'의 설립자이자 최고경영자인 제프 베이조스Jeffrey Preston Bezos는 인생의 갈림길에서 중대한 결정을 내려야 할 때 필요한 '후회 최소화 법칙regret minimization framework'이라는 개념을 세웠다.

그 법칙은 상당히 간단한데, 삶의 방향을 결정하기에 앞서 다음과 같은 세 가지 매우 단순한 과정을 따르는 것이다.

1. 여든 살의 자기 모습을 떠올린다.
2. 최대한 후회를 적게 하고 싶다는 점을 전제로 한 뒤, 인생을 되돌아본다.
3. 그다음, "지금껏 살아오는 동안 어떤 행동을 한 것을 혹은 하지 않은 것을 후회하는가?"라고 자문한다.

이 법칙을 따르면 아주 분명한 관점에서 다양한 문제를 살필 수 있다. 이 방법은 특히 현재 상황에서 겪는 혼란을 줄이고 올바른 결정을 내릴 수 있게 해준다. 순간적인 감정에 휘둘리지 않고 가장 핵심적인 관점에 집중할 수 있게 되기 때문이다.

베이조스는 이 단계를 거치며 답을 얻는 데 긴 시간이 필요치 않았다. 지금 주도적으로 정보 혁명에 뛰어들지 않는다면 여든 살이 되어 후회가 막심할 것 같았기 때문이다. 그는 '인터넷에서 책을 판매한다는 내 생각을 실행으로 옮기지 않으면 나중에 반드시 후회할 것이다'라고 생각했다. 그리고 실패를 떠올리는 것보다 시도하지 않은 것을 회상할 때 느끼는 후회가 더 클 거라고 판단했다.

베이조스가 자신의 딜레마를 이 법칙에 대입하자 자동으로 결정이 났다. 그는 고액 연봉에 별도로 연말 보너스까지 챙겨주는 헤지펀드사를 그만두고 시애틀로 이사했다. 그러고는 자신의 집 차고에서 아마존이라는 사이트를 운영하기 시작했다. 현재 베이조스는 세계에서 가장 부유한 인물이며, 그가 만든 아마존은 비즈니스 역사상 가장 성공한 기업이 됐다.

베이조스의 사례를 안전지대를 벗어나는 데 어떻게 활용할 수 있을까? 미래의 우리는 무엇을 중요하게 여길까? 무언가를 행동으로 옮기지 않은 것일까, 아니면 행동한 후 실패를 겪은 일일까?

사실 베이조스가 제시한 법칙은 우리 생활 어디에나 적용할 수 있다. 잠시 눈을 감고, 꼭 해보고 싶지만 어쩐지 두려운 마음이 드는 것은 무엇인지 생각해보자.

블로그를 시작하고 싶은데 스스로 글재주가 없다고 생

각한다. 마라톤 대회에 출전하고 싶지만, 다른 참가자들에 비해 몸매가 탄탄하지 않아 비웃음을 살 것 같다. 친구의 스카이다이빙 제안에 혹하기는 했지만 생각만으로도 너무 무섭다.

여기서 초점은 능력이나 용기가 부족하다는 게 아니다. 가장 우선시해야 할 것은 바로, '지금 시도하지 않은 것을 인생 말년에 후회하지 않을까?'라는 질문이다.

좀 더 큰 규모에서 생각해보자. 당신의 꿈이 개발도상국에 가서 의료 시설을 세우는 데 힘을 보태는 것이라고 가정해보자. 꼭 가고 싶지만, 1년 동안 고향을 떠나 말도 통하지 않는 낯선 문화 속에서 지내야 한다는 점이 불안하다. 이때 그곳에서 얻는 대가가 그곳에 가지 않았을 때 얻을 수 있는 이득보다 더 큰지를 따지는 일이 중요할까? 나중에 인생을 되돌아보았을 때 그 기회를 잡지 않은 것을 후회할지를 따지는 일이 더 중요하지 않을까?

후회 최소화 법칙은 두려움을 현미경으로 들여다보게 해준다. 그래서 놓아야 할 두려움이 무엇인지 평가하도록 도와준다. 우리가 가진 두려움은 일반적으로 아주 사소하고 하찮은 것이며, 대개는 몇 초도 채 지속하지 않는다. 또한 이 법칙은 자신의 가치와 에너지를 새로운 모험에 쏟는 것이 타당한지 어떤지도 확인시켜준다.

많은 사람에게 안전지대에서 벗어나는 일은 자연스럽게 촉발되는 충동과도 같은 본성이다. 그러나 대부분은 새로운 것과 다양성을 갈망하면서도 안전지대에서 벗어나는 것에 대한 불안과 두려움에 사로잡힌다. 그리고 이 두 가지 본성이 공존하거나 서로 충돌하는 사람도 있다. 이런 상충하는 마음가짐을 어떻게 분류해서 새로운 모험에 뛰어들고 도전을 통해 보상을 얻을 수 있을까? 다음 장에서는 이 이야기를 해보자.

익숙한 것들과 이별하지 않는 한,
우리는 절대 변화할 수 없다.

제2장

도전에 대한 두려움은
어떻게 없앨 수 있을까

Awake

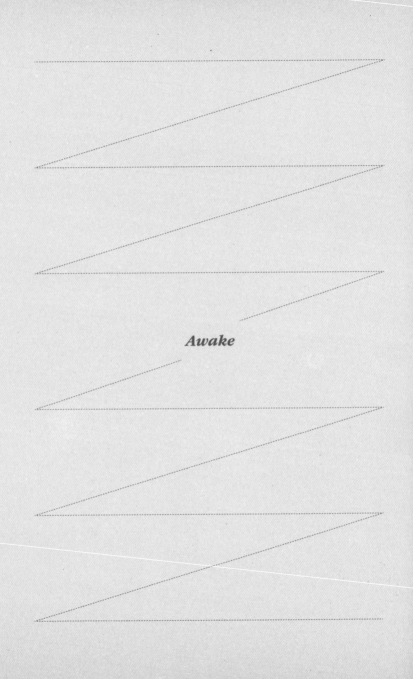

Awake

십대 때 나는 끔찍한 교통사고를 저질렀다. 내가 운전하던 차가 주차된 차 두 대, 공중전화 부스, 크레인 한 대를 들이박고 행인 두 사람을 친 것이다.

　다행인 건 실제 상황이 아니라 운전면허 수업에서 연습한 비디오 시뮬레이션에서 벌어진 일이라는 거였다. 나를 비롯한 연수생들은 운전대와 페달, 자동차 앞 유리창 역할을 하는 모니터가 달린 부스에 앉아 마치 아케이드 게임처럼 보이는 화면 속 가상세계에서 운전을 했다. 실제 상황은 아니었지만, 내가 사고를 내자 강사는 매우 당황해하며 이렇게 말했다.

"이럴수가! 내가 가르친 학생 중에서 가장 많은 사상자를 냈군."

시간이 지날수록 내 운전 실력은 점점 나아졌지만, 그날 강사가 했던 말은 도로 주행 시험 당일까지 뇌리에서 떠나지 않았다.

시험 날 아침, 응시 원서를 들고 줄을 서 있는데 내 머릿속에는 오늘 내게 희생될지도 모르는 차, 가로등, 상점, 사람이 몇이나 되는지밖에 생각나지 않았다. 특히나 인명 사고는 절대 내서는 안 될 일이었다.

결과가 어떻게 되었을까? 나는 좌회전 신호를 하나 놓친 것만 빼고 주행 시험을 완벽하게 끝냈다. 다행히 그곳에 있던 모두가 살아남았다. 강사는 내게 윙크하며 엄지손가락을 치켜올렸다.

운전면허를 딸 때의 내 경험은 안전지대에서 벗어날 때 주의해야 할 요소들에 대해 알려준다. 안전지대 밖에 자리한 새로운 모험에 직면할 때, 어떤 사람은 기회로 여기지만 어떤 사람은 지뢰밭으로 생각하며 두려워한다. 이 두려움을 없애기 위해서는 상황을 이성적으로 판단하는 태도를 가져야 한다.

따라서 안전지대에서 벗어나는 첫 번째 비결은 자신이 안전지대 밖에서 직면하게 될 것이 무엇이며 그곳에 어떤 함정이 있는지를 파악하고, 이를 극복하기 위해서 정신적으로 어떤 준비를 해야 하는지 올바르게 판단하는 일이다. 이를 위해서는 어떤 과정을 거쳐야 할까?

부정적인 생각을 멈추는 세 가지 방법

새로운 도전을 향해 나아가는 첫걸음은 '파국화catastrophizing'를 멈추는 것이다. 파국화란 주어진 상황을 부정적으로 과장 해석하고 최악의 결과에 대해서만 생각하는 인지 왜곡 현상을 뜻한다. 파국화 현상이 일어나면 누구나 걱정과 불안에 사로잡히게 된다.

이 현상을 겪는 사람들은 그런 부정적인 생각이 아무런 도움이 되지 않는다는 것을 알면서도 이 생각을 멈추기 어려워한다. 그리고 끊임없이 현재 겪고 있는 상황을 실제보다 훨씬 끔찍하게 인식한다. 제대로 확인하지 않은 상태로 위험요인을 과장하고, 도전하기도 전에 포기해버리는 것이다. 이처럼 파국화는 비논리적인 행동을 유발하고, 심한 경우 문제에 직면하기도 전부터 극심한 불안 증세 혹은 공황 발작을 일으키게 한다. 현재 긍정적인 일도 재앙이 될 것이라고 여기는 것이다.

안전지대를 벗어나는 일이 무섭게 느껴지는 이유는 '내가 두려워하는 일이 실제로 벌어지면 어쩌지?' 하는 걱정 때문이다. 머릿속으로 자기 자신이 저지를 수 있는 가장 치명적인 실수와 남에게 손해를 끼치는 모든 끔찍한 방식을 그려본 뒤 진짜 그런 일이 생길 거라고 믿는 것이다. 하지만 이런 생각은 장애물에 불과하므로 머릿속에서 끄집어내야 한다. 실수는 누구나 할 수 있다. 다만 그 실수가 실제로 자신과 타인에게 어떤 영향을 끼칠 것인지 객관적으로 살피고, 스스로 왜곡된 사고방식에 사로잡혔다는 점을 인식해야 한다.

상황을 객관적으로 바라본다

부정적인 요인의 파급력을 지나치게 부풀리는 일은 파국화적 사고를 구성하는 가장 전형적인 인지 왜곡이다. 예를 들어 누군가가 나를 싫어한다고 해서 모든 사람이 그러리라고 생각하거나, 어떤 일이 계획한 대로 순조롭게 진행되지 않는다고 해서 인생 전체가 내리막길로 접어들었다고 여기는 것이다. 이러한 부정적인 생각은 꼬리에 꼬리를 물고 이어진다.

하지만 여기에는 논리적 오류가 있다. 당신도 상황을 객관적으로 살펴보면 이러한 생각이 이성적인 판단이 아니라는 데 동의할 것이다. 그러나 냉철하고 분별 있는 사람도 두려움이 커지면 이런 함정에 쉽게 빠질 수 있다.

이 같은 사고방식은 '이것 아니면 저것'과 같은 이분법적 사고, 즉 흑백논리와 관련이 있다. 이런 관점을 가진 사람이 대답할 수 있는 방식은 두 가지뿐이다. 바로 '예 또는 아니요', '성공 또는 실패', '승 또는 패'라는 양극이다. 사실 상황에 영향을 미칠 수 있는 여러 단계와 요인들 중 상당수는 조절이 가능하지만, 이분법적 사고는 이를 무시해버린다. 이러한 정신적 환경에서 긍정적인 생각을 가지기란 거의 불가능에 가깝다.

일상적인 상황을 예로 들자면, 이탈리아 식당에 한 번 가본 뒤 모든 이탈리아 음식은 마늘이 너무 많이 들어가서 맛이 없다고 생각하거나, 한 편의 영화만 보고 로맨틱 코미디 영화는 죄다 너무 뻔해서 재미없다고 단정 짓는 것과 같다. 이러한 사고방식을 계속 유지하다 보면 자칫 좀 더 해로운 방향으로 나갈 수도 있다. 특정 인종에 대한 차별이나 사회적인 편견에 사로잡히는 것이다.

파국화 현상에서 벗어나기 위해서는 문제를 구체적으로 정의한 뒤, 이를 실질적인 사고와 행동으로 나아가기 위한 수단으로 여겨야 한다. 처음부터 완벽하지 않다고 해서 이를 모두 장애요인으로 여겨서는 안 된다.

소소한 부분에서 시작해보자. 집, 가족, 업무 등 평범한 일상 속에서 당신에게 행복과 안정을 가져다주는 요인은 무엇인가? 무엇이 당신의 기분을 좋게 해주고, 편안함을 느끼게 해주는가? 이러한 것들이 항상 자신의 삶을 지지해주는 요인이라는 점을 기억하자. 이러한 부분들까지 왜곡하거나 지나치게 일반화해서 중요한 것을 퇴색시키지 않도록 해야 한다.

과거의 경험을 재구성한다

파국화로 인한 절망적인 느낌은 미래에 대한 두려움으로 이어진다. 이것 역시 인식의 결함이다. 현재 일이 부정적인 방식으로 진행되고 있으므로 앞으로도 계속해서 나빠질 거라고 가정해버리는 것이다. 이러한 사고방식을 가지고 있으면 변화나 개선을 꿈꾸기는커녕 그것이 무엇인지조차 상상할 수 없게 된다. 아주 오래 투병 생활을 한 사람이 영원히 나을 수 없다고 생각하는 것처럼 말이다.

또한 이러한 사고는 무기력을 야기한다. 과거의 어떤 것을 극복하지 못했으니, 앞으로 같은 문제가 생겼을 때도 마찬가지일 것이라 여기며 일말의 노력조차 하지 않게 되는 것이다.

대부분의 사람은 이러한 감정의 덫에 쉽게 빠진다. 하지만 한 번 어떤 일이 일어났다고 해서 그 일이 필연적으로 다시 일어나는 것은 아니다. 사실, 그런 일이 다시 일어나지 않을 가능성이 더 크다.

자신이 처한 상황을 객관적으로 바라보자. 모든 요인에 대해 이성적으로 생각하고, 과거의 경험을 되새기며 실패를 예측하기보다 경험에 대한 감정을 재구성해보자. 스스로 이렇게 질문해보는 것이다.

'나는 과거로부터 무엇을 배웠나?'

'부정적인 생각을 긍정적으로 바꿀 수 있는 것은 무엇인가?'

부정적인 사고방식으로 무언가를 시도하기도 전에 자신을 불행하게 만들지 말고, 과거의 실수로 얻은 교훈을 장애물이 아닌 자산으로 여기자. 이는 안전지대 밖을 탐험하고자 할 때 지녀야 할 가장 중요한 태도다.

다른 사람의 사례를 살펴본다

그다음에는 안전지대 밖, 즉 외부의 상황을 파악하는 데 도움이 될 만한 정보를 찾아보자. 당신이 지금 하려는 일을 다른 사람이 해본 적이 있는지, 만약 있다면 그 결과는 어떠했는지 살펴보는 것이다.

혹시 자신도 모르게 파국화에 빠져 남들의 능력과 자신의 능력을 비교하며 자신을 어떤 식으로든 깎아내리게 된다면, 다시 이전 단계로 돌아가 상황을 공정하고 객관적으로 바라보자. 당신의 생각이 잘못되었음을 알아차리는 데 도움이 될 것이다. 올바른 마음가짐으로 새로운 일에 도전하면, 과거에 자신이 겪었던 일을 발판으로 삼아 남들보다 더욱 빠르게 성장할 수 있다.

현대 사회에서는 미디어의 발달로 타인에게 어떤 일이 벌어졌고, 그들이 그 일을 어떻게 감당하고 대처했는지에 관한 정보나 설명을 쉽게 얻을 수 있다. 이는 현재 자신이 처한 문제를 객관적으로 살피는 가장 훌륭한 방법이다. 남들의 사례를 조사하면 보다 이성적으로 안전지대를 벗어날 준비를 하는 데 도움이 된다.

파국화가 무엇인지 이해했고, 거기에서 벗어나는 방법을 모두 익혔다면 이제 이를 일상에 적용해보자.

현재 당신이 직장에 다니고 있고, 신규 소프트웨어를 몇 주 안에 완전히 습득해야 하는 상황에 부닥쳤다고 해보자. 당신은 과거에도 매번 새로운 프로그램을 익히는 속도가 남들보다 느렸다. 게다가 이 소프트웨어는 불필요하게 복잡해 보이고, 일정 역시 매우 촉박하다. 하지만 그렇다고 해서 이 소프트웨어를 익히지 않으면 다른 동료들보다 뒤처지는 것은 물론 조직의 골칫거리가 될까 봐 두렵다. 심지어 모두가 자신을 손가락질하며 멍청하다고 여기고, 결국 해고를 당하게 될 거라는 생각이 든다. 지금 당신은 분명 불안해하고 있다.

먼저 작은 부분부터 시작해보자. 가만히 앉아 당신이 지금의 위치에 어떻게 올랐는지 생각해보자. 소프트웨어를 익히는 속도가 남들보다 조금 느리다고 해서 하룻밤 사이에 조직의 골칫거리가 되지는 않는다. 하루아침에 해고당하기에는 지금 당장 당신이 하는 일을 대신할 사람이 없을지도 모른다. 당신이 오랜 시간 쌓아온 노하우와 가치는 단박에 없어지지 않는다.

두 번째 단계로 넘어가 보자. 당신은 새로운 기술을 익히는 일에 늘 어려움을 겪어왔기 때문에 앞으로도 그럴 것으로 생각한다. 이는 어리석은 생각이다. 이러한 행동은 스스로에 대한 의구심을 키우는 공간에 자신을 계속 가둬

두는 것과 같다. 그곳에 계속 머무를 필요는 없다. 과거의 경험이 미래의 결과로 이어지는 것은 아니라는 점을 명심하자. '과거의 경험으로 인한 부정적인 생각'이라는 첫 번째 장애물을 잘 넘기고 나면, 가장 어려운 부분은 끝났다.

마지막으로, 끔찍한 일이 벌어질 것만 같은 두려움을 몰아낼 수 있도록 도움을 줄 만한 사람을 찾아보자. 컴퓨터를 다루는 데 익숙한 직장 동료에게 도움을 요청하거나 이 프로그램을 만든 개발자에게 직접 문의하는 것도 좋다. 또한 이 특정 프로그램이 다른 회사에서 어떻게 적용되고 있는지 사례를 찾아볼 수도 있다.

불안감에 압도당하지 않으려면

이 외에도 우리가 안전지대에 갇혀 빠져나오지 못하는 이유는 더 있다. 바로 우리에게 안전지대 밖의 위험을 이해하고 판단하는 능력이 부족하기 때문이다. 즉, 우리는 어떤 유해 요소가 실재하는지 아닌

지를 잘 파악하지 못한다.

손실과 실패가 한 번의 경험이 아니고 영구적으로 삶 전체에 악영향을 미치는 요인이라고 판단하는 사람들은 특히 더 안전지대에 머무르려 한다. 부정적인 생각에만 치우쳐 목표를 세우거나 행동에 나서지 못하는 것이다.

이처럼 위험요인을 극도로 피하는 사람들의 사고 과정을 분석한 연구를 몇 가지 살펴보자. 컬럼비아 동기과학 연구센터는 남들보다 위험요인에 민감한 사람은 자기 일에 한층 더 신중하고 조심스럽게 움직인다는 점을 알아냈다. 그리고 자신이 사용하거나 소비하는 제품에 대해서는 외관의 화려함이나 멋짐 혹은 '마음을 끄는 요인'보다 브랜드 신뢰도와 안전성을 더 중요시했다.

한편 하버드 대학교의 프란체스카 지노 Francesca Gino 교수와 조슈아 마골리스 Joshua Margolis 교수는 위험에 민감한 사람들은 한층 윤리적이고 정직한 방식으로 행동하는 경향이 있다는 점을 밝혀냈다. 그리고 이러한 결과가 나온 이유는 위험을 피하려고 하는 사람들이 더 원칙적이거나 강직해서가 아니라 규칙을 깨트리거나 처벌을 받는 데 대한 두려움이 남들보다 더 크기 때문이라고 덧붙였다.

사실 누구나 본능적으로 위험을 피하려 한다. 사람들은 언제나 행동하기 전에 잠재적인 위험을 살피고 계획 전반을 신중하게 점검한다. 심지어 현실적으로 가능성이 거의 없는 문제까지 찾아내 부정적인 결과를 일으킬 만한 모든 위험요인을 피하려고 한다. 그런 다음에도 과도하게 생각하고 걱정하면서 자신이 상상할 수 있는 모든 위험을 찾아내고, 행동에 나서는 것을 망설인다. 또한 새로운 시도로 얻게 될 모든 혜택을 간과하기도 한다.

하지만 위험요인과 위기가 사방에 도사리고 있다는 생각은 잘못됐다. 이는 자기 자신을 보이지 않는 감옥에 가두는 일일 뿐이다. 두려움을 없애고 안전지대를 보다 수월하게 벗어나기 위해서는 진짜 위험이 무엇인지 객관적으로 평가할 줄 알아야 한다.

다음 세 가지 질문을 통해 이 방법을 익혀보자.

이 시도가 위험한 이유는 무엇일까?

먼저 문제의 본질로 다가가 보자. 특정 부분 혹은 과정이 위험하다는 객관적인 증거가 있는가? 아니면 뜬소문이나 부정적인 생각, 감정처럼 현실에 존재하지 않는 허상을 토대로 스스로 만들어낸 걱정일 뿐인가? 두려움은 종종 사실이 반영되지 않은 근거 없는 가정을 만들어낸다. 여기서 벗어나기 위해서는 자신의 두려움이 어디에서 비롯되었으며 정확한 근거가 있는지 확실히 살펴보아야 한다.

'이 시도가 위험한 이유는 무엇일까?'라고 자문해보자. 질문을 반복하다 보면 매번 더 정확한 답을 내리게 되고, 결국 근거 없는 걱정이나 두려움에서 벗어나게 될 것이다.

이 시도로 얻는 것과 잃는 것은 무엇일까?

우리가 진짜 원하는 건 무엇일까? 새로운 시도를 통해 무엇을 얻을 수 있으며, 무엇을 잃게 될까?

안전지대를 벗어나기 위해 중요한 것은 자신의 행동이 초래한 결과에 대해 분별력을 가지는 일이다. 그러기 위해서는 느낌에 의존하기보다는 실질적인 성공이나 실패를 구성하는 요소에 집중해야 한다. 사람의 마음은 본능적으로 부정적인 부분을 부풀리고 사실을 왜곡하여 긍정적인 부분을 축소하기 때문이다.

먼저 해당 시도에 관한 장단점을 목록으로 작성하자. 스스로 할 수 없다면 객관적으로 봐줄 수 있는 사람에게 부탁하는 것도 괜찮다. 그 사람이 해당 시도를 직접 해본 경험이 있다면 더할 나위가 없다.

아무것도 하지 않으면 어떻게 될까?

만약 행동하지 않기로 하면 무슨 일이 생길까? 가만히 있는 일은 주로 위험을 최소화하는 것으로 해석되지만, 늘 그런 것은 아니다. 행동하지 않으면 개선이 시급한 상황이나 상태를 방치하여 문제가 갈수록 커질 수도 있다.

이처럼 나태함은 더 큰 위험요인이 된다. 아무것도 시도하지 않고 기회를 놓치고 나면, 나중에 후회하고 자책하게 될 가능성도 크다. 차분히 앉아 아무것도 시도하지 않았을 때 잃을 수 있는 것들에 대해 생각해보자. 그리고 불안이나 두려움을 제거하고 상황에 대한 논리적인 평가를 한 뒤 행동에 나서자.

이제 이 법칙을 일상생활에 적용해보자. 당신이 새로운

연애를 시작하고 싶지만 동시에 엄청나게 두렵다고 가정해보자. 연애를 안 한 지 꽤 된 상태이다 보니 새로 연애를 한다고 생각했을 때 설렘보다는 막막한 감정이 앞선다.

우선 왜 위험을 무릅쓰는 일이 두려운지 스스로 묻는다. 세 번 정도 질문을 반복하면서 자신의 내면 최대한 깊은 곳까지 들어가 본다. 연인이 될 사람에 대해 신경 쓰이는 것들이 편견, 다른 사람에게 전해 들은 말, 소문 혹은 지나치게 확장된 두려움에서 기인한 것인가? 아니면 감정적으로 헌신한 이후에 차이거나 거절당할까 하는 보편적인 두려움에서 기인한 것인가?

이제 당신이 진정 원하는 것과 대가로 치러야 하는 것이 무엇인지 생각해보자. 당신은 서로 안정감을 주는 관계를 맺기 원한다. 하지만 감정을 교류하는 것에 실패하고 자신의 독립성을 잃어버리게 될까 봐 두렵다. 마음을 많이 줘버린 뒤에 상대방에게 심하게 실망하게 될까 봐 걱정이 될 수도 있다. 이럴 때는 스스로 이 감정을 무시하려고 노력하자. 실질적인 대가와 혜택이 어떤지에 관해서 '그럴 것 같다'는 기분이나 두려움 말고 명확한 그림을 그려보는 것이다.

다음은 마지막 단계다. 만약 당신이 아무것도 하지 않으면 무슨 일이 벌어질까? 상대를 너무 오래 기다리게 하면 그가 소외감을 느끼고 떠날 가능성이 크다. 그리고 당신은 소중한 인연을 놓쳤다며 자책에 빠지게 될 수도 있다.

아무것도 하지 않기로 한다면, 이는 안전지대로 곧장 뛰어들어 가 문명과 단절되는 것과 같다. 하지만 당신이 이 법칙을 적용해 모든 요인을 고려한 뒤에는 안전지대로 들어가는 것과는 반대의 결정을 내릴지도 모른다. 마음이 불편할지라도 솔직하게 생각하고 일단 시도해보아야 한다. 그러고 나면 안전지대로 들어가는 것보다 훨씬 더 나은 결정을 내렸다고 느끼게 될 것이다.

앞으로도 뭔가를 시작하기 전에 망설여진다면 앞의 세 가지 질문을 던져보자. 이 질문들이 안전지대의 탈출구로 조금씩 다가갈 수 있도록 도와줄 것이다.

통제하려는 마음을 버려라

안전지대에 끌리는 건 모든 것이 자신의 통제하에 있다고 느기 때문이다. 여태까지 잘 유지해오던 인간관계나 일상적인 업무에서 통제력을 잃어버렸다고 상상해보자. 어떤가. 끔찍하지 않은가? 누구나 직접 상황을 주도하지 못한다고 느끼면 혼란에 빠지게 된다. 그러나 안전지대를 떠나기 위해서는 그런 통제력과 통제력에 대한 욕구를 버려야 한다.

예일 대학교 의과대학의 에이미 안스튼Amy Arnsten 교수는 일반적으로 우리의 행동, 성향, 충동, 집중력을 조절한다고 알려진 전전두피질의 특정 효과에 대해 연구했다. 그 결과, 뇌에서 이 부분은 실제로 통제감에 의지한다는 사실이 밝혀졌다.

안스튼 교수는 "전전두피질의 기능은 자기 자신이 상황을 통제할 수 없다고 느낄 때만 손상됩니다. 전전두피질 자체가 스스로 통제할 수 있는지를 결정하지요. 따라서 자신이 상황을 통제하고 있다고 착각만 해도 인식 기능은 손상되지 않고 보존됩니다"라고 했다.

전전두피질은 기본적으로 의식적인 사고의 보고다. 통제감이 위협받거나 상실되면 편도체와 같은 변연계는 한층 더 불안감을 느끼고 우리를 감정적인 상태로 만든다. 그래서 투쟁 혹은 도피와 같은 본능을 촉발하고 엄청난 양의 아드레날린 혹은 코르티솔을 분비해 두려움과 스트레스가 극도로 커지게 한다.

분명한 것은 우리는 통제가 곧 안정이라고 믿도록 적응되었다는 점이다. 즉, 우리는 상황을 자신이 통제하고 있다고 느낄 때 안정감을 느낀다. 조수석에 앉아 있는 것보다 모든 것을 조종할 수 있는 운전석에 앉을 때 안심하는 것처럼 말이다.

또한 통제는 확실성을 뜻한다. 이것이 통제에 대한 가장 보편적인 생각이다. 인간은 무엇보다 확실성을 추구한다. 앞으로 어떤 일이 벌어질 것인지 알면 그 일에 대한 걱정에서 벗어날 수 있기 때문이다.

사실 통제하려는 갈망은 미래를 예측하고 그에 걸맞게 대비하려는 소망에서 비롯되는 경우가 많다. 우리는 항상 최악의 시나리오를 마음속에 그리고, 그것을 토대로 계획을 세우기 때문이다. 그러나 새로운 경험은 항상 통제의 바깥에 있다. 자신이 어떤 상황에 놓일지 정확하게 알 수 없으므로 완벽하게 대비할 수가 없기 때문이다. 변화는 매우 빠르게 일어날뿐더러 예상할 수 있는 것이 아니다. 우리는 이러한 사실을 인정한 뒤에야 비로소 자신의 삶을 마음대로 휘두르려고 붙잡고 있던 손을 놓게 된다.

하지만 통제하려는 욕망이 있는데 그렇게 하지 못하면 걱정이 되고 불안해진다. 그러다 보면 모든 부정적인 생각을 극대화하게 된다. 통제를 갈망할수록 끔찍함과 고통을 느끼게 되고, 결국 경험의 기회도 줄어든다.

그렇다면 상황을 움켜쥐려는 마음을 어떻게 느슨하게 할 수 있을까? 이 장에 나오는 다른 모든 부분과 마찬가지로 생각과 마음가짐을 바로잡는 것이 중요하다.

통제의 필요성을 점검한다

통제의 필요성을 생각해보는 일은 가장 중요하다. 통제가 정말로 필요한가, 아니면 그저 불안한 마음에서 비롯된

쓸데없는 생각일 뿐인가?

어떠한 상황을 통제하지 못하게 되었을 때 정말로 두려운 것이 무엇인지 스스로 물어보자. 그러다 보면 통제가 전적으로 불필요하다는 결론이 나올 수도 있다. 그저 항상 가지고 있지만 한 번도 제대로 살펴보지 않았던 본능이나 충동일 수도 있는 것이다.

미지는 두려운 게 아니다

미지의 영역에 발을 내디디려 할 때면 항상 불안하다. 늘 그래 왔고 앞으로도 그럴 것이다. 그렇지만 두려움과 불안이 마냥 부정적인 감정은 아님을 알아야 한다. 이를 보는 우리의 관점이 성과에 영향을 미친다.

미지란 대개 일련의 상황일 뿐이며 신중한 사고를 거치면 일부 예상할 수도 있다. 일상적인 상황 대부분에서는 알지 못하는 것에 대한 두려움이 실현 가능한 현실을 압도해버리지만, 객관적으로 살펴보면 실제로는 그렇게 큰 변화는 잘 찾아오지 않는다.

미지를 알게 되는 순간 두려움은 멈춘다. 그러므로 미

지는 두려움과 동일한 것이 아니다. 두려움을 논리적인 계획 혹은 단계별 계획으로 나누어 적절히 대처할 수 있게 바꾸면, 미지는 해결책이 있는 단순한 문제가 된다. 두려운 부분에 초점을 맞추기보다는 문제에서 어떤 대답을 얻을 것이며 이를 어떻게 활용할 것인지를 살펴보자.

통제할 수 없는 것에 대해 이해한다

우리가 하는 거의 모든 행동은 대체로 매우 복합적이고 복잡하다. 어떤 일이든 일련의 X 인자, 즉 예상하지 못한 사건이나 세부적인 요소 등이 작용한다는 뜻이다. 우리는 이런 부분까지 전부 통제할 순 없다. 따라서 능력 밖의 일까지 걱정하는 것은 비생산적이며, 그저 자기 자신을 고통스럽게 하는 일에 지나지 않는다.

경각심을 가지는 것과 걱정하는 것은 다르다. 걱정이 훌륭한 결정과 그에 따른 준비에 도움을 준다면 다행이지만, 어느 시점이 지난 뒤에는 방해물이 될 가능성이 크다. 걱정은 꼬리에 꼬리를 물고 이어지는 습성이 있어서 시간이 지날수록 계속 추가되기 때문이다.

이제 이 법칙들을 일상생활에 적용해보자. 몇 년간 제대로 휴가를 보내지 못한 당신은 국경을 넘는 자동차 여행을 계획하고 있다. 그런데 여행을 떠나기로 한 날이 다가올수록 불안감이 커진다. 그동안 자동차를 제대로 관리하지 못했을뿐더러 타국 사람들을 어떻게 대해야 하는지 확신이 서지 않는다. 당신은 여행이 너무 가고 싶지만, 막상 떠나려니 이런 생각들 때문에 조금 두려워졌다.

우선 스스로 여행의 모든 상황을 통제하길 원하는지 묻는다. 당신은 길을 잃어버릴까 봐 두렵지만, 그래도 특정한 지침에 묶일 필요는 없다고 생각할 수도 있다. 사실은 정처 없이 떠돌며 여행을 즐기는 사람을 늘 부러워했으며, 예측하지 못한 상황이 의외의 즐거움을 가져다주리라고 생각할 수도 있다. 여행의 좋은 점은 스스로 통제할 수 없는 것들을 통해 자신만의 기준을 확대하고 집에서는 얻지 못하는 가능성을 열어준다는 것이다.

그다음, 두려움을 잠재울 만한 해결책을 찾아보자. 만약 차 상태가 걱정된다면 여행을 떠나기 전에 전체적으로 점검을 하면 된다. 아니면 다른 교통수단을 활용해도 괜찮다.

아무리 해도 당신이 통제할 수 없는 요인에는 무엇이 있을까? 낯선 사람이 당신을 대하는 태도, 날씨, 떠나 있는 동안 집에서 벌어질 일 등이다. 자신이 통제할 수 있는 것을 먼저 살피고, 그럴 수 없는 것들은 걱정하지 말자.

걱정보다 호기심에 집중한다

우리 삶에는 통제도, 정신적 제약도, 두려움도 없는 시절이 있었다. 그때 우리 앞에는 그저 미지만이 놓여 있었다. 경험하는 모든 것이 완전히 새로웠기에 우리는 다른 생각을 하지도 않고 안전지대에서 벗어났다. 심지어 안전지대가 무엇인지도 몰랐다.

물론 이는 어릴 적의 상황이다. 우리 대다수는 유년기에 미지에 대해 묻고 살폈으며 무엇보다도 이를 즐겼다. 그러나 어느 정도 시간이 흐른 뒤 자신도 모르게 새로운 것을 '놀이'의 개념으로 접근하는 일이 더는 적절하지 않다는 점을 깨닫게 되었다.

사실 인간의 호기심은 나이를 먹어도 어릴 적 그대로를 유지한다. 따라서 호기심이 이끄는 대로 따라가면 어린 시절과 같은 즐거움을 경험하고 안전지대에서 벗어나는 일이 상당히 수월해진다. 새로운 감정과 활동에 정신이 팔리면 두려움과 불안에서 벗어날 수 있기 때문이다. 그러면 안전지대에서 나올 수 있을 뿐 아니라 처음에 어떤 지대에서 살고 있었는지도 잊어버린다. 안전지대에 대한 개념조차 가지지 못하는 것이다. 탐험과 호기심이라는 두 가지 요인은 경계와 한계를 쉽게 제거한다.

만약 당신이 무언가가 궁금하거나 어떻게 작용하는지 알고 싶은 마음이 크다면 이를 막을 것은 아무것도 없다. 해답이 어디로 이끌든 그저 뛰어들게 되기 때문이다. 흥미를 좇게 박차를 가해줄 긍정적인 동기는 항상 부정적인 동기보다도 강하다.

또한 그 여정에서는 새로운 기술을 익히고 호기심을 충족한다는 명목으로 또 다른 활동도 해볼 수 있다. 세상을 지뢰밭이 아닌 가능성과 경험의 장소로 여길 수 있기 때문이다.

그러니 두려움을 없애고 안전지대를 벗어나려면 자신을 매혹시키는 것이 무엇인지 찾아라. 이는 갑자기 눈앞에 '짠' 하고 나타나지 않는다. 스스로 찾아나서야 한다. 이전에 조금도 흥미가 생기지 않아 그만두었던 것들까지 면밀히 살펴야 할 수도 있다. 하지만 일단 흥미를 끄는 무언가를 찾고 나면 탐험하는 과정 자체만으로도 놀라움을 느끼고, 자신의 행동력을 생각보다 더욱 키울 수도 있다. 그런 다음에는 마음을 닫으려 해도 닫지 못하게 될 것이다.

이러한 태도가 도움이 되는 경우는 아주 많다. 예를 들어 인터넷으로 코딩 수업을 들으며 명령어와 구조를 가지고 놀다 보면 새로운 생각이 열릴 수도 있다. 한 번도 시도해보지 않았던 엄청나게 이국적인 요리에 도전해보는 건 어떨까. 향신료가 맛에 어떤 영향을 미치는지 알아보기 위해 재료들을 가지고 다른 새로운 요리를 만들어볼 수도 있다. 대중 앞에서 연설을 한다면 주장을 더 잘 전달하기 위해 유머, 스토리텔링 혹은 유행하는 농담을 덧붙일 수도 있다. 이 모든 방식은 어린아이 같은 호기심을 다시 일깨우는 데 도움을 준다. 그리고 어쩌면 새로운 경험과 믿음으로 가는 길을 열어줄 수도 있다.

두려움, 위험요인, 통제력 상실, 제약은 모두 새롭고 낯선 상황에서 만날 수 있는 장애물이다. 먼저 이들을 경험해본 뒤 잘 다루는 연습을 하다 보면, 여전히 그러지 못하고 있는 많은 사람보다 한층 성공적으로 안전지대를 벗어날 수 있다. 노력이 100퍼센트 성공으로 나타나지 않는다고 해도 만족을 느낄 수 있고, 더 많은 지침을 얻게 될 것이다.

제3장

'나는 여기까지야'라는
생각에서 벗어나기

Awake

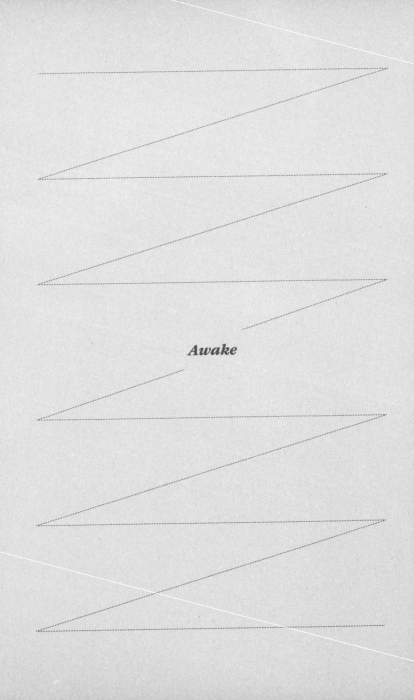

Awake

아직도 안전지대에서 벗어나는 게 두려운가? 혹시 자신을 안전지대에서 벗어나길 겁내는 약해 빠진 사람으로 인식하고 있다면 당장 그 생각을 버리길 바란다. 당신은 나약한 사람도, 겁이 많은 사람도 아니다. 그저 두려움을 없앨 수 있도록 긴장을 풀고, 천천히 단계별로 따라오면 된다.

두려운 마음이 계속 살아 있게 하는 불씨는 바로 '핑계'다. 핑계는 자기 충족적 예언을 하게 하고, 그 과정에서 차례차례 잠재력을 제거한다.

이 장에서는 우리가 가지고 있는 신념 체계의 어떤 부

분이 실재이며 우리 안에 뿌리내리고 있는 오해가 무엇인지를 식별하는 방법을 이야기하겠다.

용기는 특별한 사람만 가질 수 있는 걸까

용기란 주로 새롭거나 저항하기 어려워 보이는 대상에 대해 씩씩하고 굳은 기운을 드러내는 일을 뜻한다. 용기에는 여러 종류가 있는데, 이 점을 이해하면 안전지대에서 한층 쉽게 벗어날 수 있다.

우리는 항상 일어나는 일이 아닌 특별한 상황에서 발휘되는 힘을 설명할 때 용기라는 말을 쓴다. 불타는 건물로 뛰어드는 소방관, 전쟁터로 나가는 군인, 불의에 대항하는 시위자들이 몇 가지 예다. 이들이 가진 용기는 우리가 가진 용기와는 조금 다른 것처럼 보인다. 그러나 우리 역시 날마다 용기를 실천하고 있다. 좀 더 미묘하고 어쩌면 덜 영광스러울지라도 말이다.

작가 스티븐 코틀러 Steven Kotler 는 우리가 일상생활에서 가질 수 있는 현실적인 유형의 용기를 구별했다. 코틀러가 식별한 용기 유형 중 일부를 살펴보자. 이 중 적어도 두 가지는 가질 수 있도록 해보자.

육체적 용기

육체적 용기는 비교적 쉽게 식별할 수 있는 용기로, 코틀러는 이를 "한 사람이 자신의 신체적 한계를 뛰어넘으려는 의지를 갖는 것"이라고 설명했다. 그는 운동선수가 훈련에 임하거나 시합에 참가하는 일을 가장 대표적인 예로 들었으며, 부상의 위험을 수반한 레저 활동 등도 여기에 속한다고 설명했다.

감정적 용기

감정적 용기란 육체적 위험이 수반되지 않지만 감정적으로는 큰 결심이 필요한 가장 어려운 유형의 용기다. 이 경우 자신의 결정 때문에 장기적으로 절망적인 시간을 보내게 된다. 연인과의 결별이나 배우자와의 이혼 등을 예로 들 수 있다. 코틀러는 "이러한 결과를 감당할 의지는 더 큰 감정적 보상을 고려하는 데서 나온다"라고 덧붙였다.

정신적 용기

코틀러는 이 유형의 용기를 인도의 민족 운동 지도자이자 인도 건국의 아버지라 불리는 마하트마 간디 ^{Mahatma Gandhi} 와 현대 시민권 운동의 어머니라 불리는 로사 파크스 ^{Rosa Parks}의 시위에 비유했다. 바로 압도적인 반대에 맞서 자신의 믿음과 신념을 지키는 용기다. 시위에 참가하거나 특정 기관에 항의 편지를 보내는 것도 정신적 용기의 예가 될 수 있다.

지적 용기

지적 용기는 대중적인 의견을 거스를 수 있는 사상이나 견해 등을 옹호하는 용기를 말한다. 양날의 검이 될 소지가 있는 소외된 사람들의 권리를 주장하는 일이나 지구가 평평하다는 주장을 내세우는 것 등을 예로 들 수 있다.

공감적 용기

코틀러는 공감적 용기를 "가장 칭송해야 하는 용기"라고 말했다. 이 용기는 명칭에서 알 수 있듯 다른 대상에 대한 깊은 감상 혹은 연민을 드러내는 용기를 말한다. 코틀러는 동물 구조 단체가 좋은 예라고 언급했다.

전투적 용기

전투적 용기는 동료와 위험요인을 공유해야 하는 전투 혹은 운동 경기처럼 한 집단이 공유하는 의지를 지칭한다. 코틀러는 이 용기가 개인적 필요성에 의한 것이라기 보다는 심리적 전략에 더 가깝다고 설명했다.

전략적 용기

전략적 용기는 전투적 용기와 유사하지만, 다른 사람의 목숨을 위태롭게 하는 결정을 포함한다는 데 차이가 있다. 대통령이 전쟁을 선포하는 것 혹은 위험한 대외 갈등 지역으로 현장 요원을 파견하는 일 등을 예로 들 수 있다.

의사결정을 내리는 용기

코틀러는 현대 사회를 "선택의 폭이 기하급수적으로 넓어져 심리적으로 불구가 되기 쉬운 시대"라고 칭하며 무언가를 선택하는 데에도 용기가 필요하다고 말했다. 이처럼 불확실함에 대적하여 의사결정을 내리는 용기는 선거 후보 중 누구에게 투표할 것인지를 고르는 일부터 거주지를 정하는 일까지 일상 속에서 무언가를 선택하는 크고 작은 용기를 뜻한다.

부모로서의 용기

다른 용기들과는 구별되게 본능을 바탕으로 한 부모로서의 용기는 유해한 상황이나 재해로부터 자식을 보호하거나 구출하는 마음가짐을 뜻한다. 물에 빠진 자녀를 구하려고 안전 장비도 없이 깊은 강물에 뛰어들거나 자녀를 구하고자 불타는 건물 안으로 들어가는 부모의 사례 등이 있다.

금전적 용기

금전적 용기는 자기 자신의 자금, 생계 혹은 생존을 위험에 빠트릴 수 있는 용기다. 이 용기를 가진 사람들은 '돈이 생존에 필요한 모든 것을 대변하지는 않는다'라는 생각을 가지고 있다. 불안한 주식에 투자하는 일부터 꿈에 그리던 축구 경기나 공연을 위해 많은 돈을 지불하는 것을 예로 들 수 있다.

이 모든 유형의 용기가 다 관리하기 쉬운 것은 아닌 데다 코틀러가 정의한 것 중 일부는 완벽한 지표가 되지 못할 수도 있다. 중요한 것은 우리가 일상생활에서 행할 수 있는 용기가 생각보다 많은 형태로 존재한다는 사실을 아는 일이다. 그동안 스스로 강인함이나 놀라운 회복력을 가졌다고 생각하지 않았을지라도, 당신은 이러한 작은 용기를 생각보다 많이 가지고 있을 수도 있다.

이처럼 자신이 행할 수 있는 용기에 대해 알고 자신감을 가지면 안전지대에서 벗어나는 데 도움이 된다.

사람들은 나에게 관심이 없다

아뿔싸, 당신은 그만 일을 저지르고 말았다. 지난밤 술김에 블로그에 글을 올린 것이다. 게다가 논란이 될 것이 분명한 의견도 썼다. 아주 노골적이고 날 선 문장으로 시트콤 중에서는 「프렌즈 Friends」가 「사인필드 Seinfeld」보다 훨씬 낫다고 한 것이다. 그리고 나서 곧바로 잠에 빠졌다.

다음 날 아침, 간만에 푹 자고 일어났지만 왠지 끔찍하게 가라앉는 기분이 든다. 당신은 직장 상사가 「사인필드」의 전편 DVD를 소장하고 있다는 사실을 떠올렸다. 그동안 그가 시도 때도 없이 자랑해댔으니까. 그는 점심시간마다 「사인필드」 이야기를 했으며, 드라마에 나오는 주요 대사를 습관적으로 읊을 만큼 그 드라마의 팬이었다. 심지어 자신이 만난 모든 사람을 그 시트콤의 등장인물에 분류하는 습관도 있었다. 그리고 회사의 모든 사람이 그 사실을 알고 있다.

당신은 지난밤에 글을 올린 것을 후회하고 있다. 당신

은 상사는 물론, 모든 동료가 자신의 글을 읽었을 것이라 생각한다. 그러고 보니 직장 동료 중 누군가의 사촌이 그 드라마와 관련된 일을 한다고 했던 것도 같다. 당신의 걱정은 더욱 커지기 시작한다. '그 사람이 내 글을 보게 되면 어쩌지? 그러다 감독과 연기자들 귀에까지 이 내용이 들어가면? 혹시 방송사에서 나를 불러내는 건 아닐까?'

이런 일이 벌어질 가능성을 받아들일 수 없어 당신은 허둥지둥 침대 밖으로 나와 글을 삭제한다. 한시라도 빨리 불상사를 막아야 한다. 상사와 직장 동료 사이에서 명성을 구제하기에는 이미 너무 늦었을지도 모르지만.

그렇게 죄인이 된 심정으로 회사에 도착했는데, 뭔가 이상하다. 모두가 아무 일도 없는 것처럼 행동하는 것이다. 심지어 상사는 당신에게 반갑게 인사를 건네며 "지금 커피를 사러 나가려 하는데, 자네 것도 사다주겠네. 어떤 커피를 좋아하나?"라고 물어보았다. 이는 불과 몇 시간 전에 개인적 취향을 갈가리 찢긴 사람이 보일 행동이 아니다. 혹시 나중에 당신에게 끔찍한 벌을 주려고 지금 아닌 척하는 것일까?

당신이 아직 깨닫지 못한 사실이 있다. 아무도 그 블로그 글을 보지 않았다는 점이다. 상사도, 직장 동료도, 그들의 가족들도, 심지어 방송국 관계자들도. 대다수는 당신이 블로그를 한다는 사실조차 모르고 있다.

이처럼 우리는 종종 다른 사람의 반응이 두려워서 특정 방식대로 행동하지 못한다. 타인이 나를 멍청이로 여기거나 멸시할까 봐 혹은 비난하거나 조롱할까 봐 대담하게 행동하지 못하는 것이다.

우리가 이런 반응을 보이는 가장 큰 이유는 조명 효과spotlight effect 때문이다. 이는 자신이 다른 사람의 시선을 받고 있다고 오해하는 것을 뜻한다. 모든 움직임을 감시당하고 입 밖으로 낸 모든 말, 쓰는 모든 글이 다 평가받는다고 생각한다. 그래서 안전지대에서 나오는 일을 더 어렵게 느끼는 것이다.

일상에서 일어났던 일을 예로 들어보자. 최근에 당신이 저지른 제일 부끄러운 일 두세 가지를 떠올려보자. 옷에 뭘 쏟았다거나 공공장소에서 이상한 소리를 냈다거나 술집에서 취해 크게 소리를 질렀다거나 하는 것들 말이다.

아마 부끄러움의 크기에 상관없이 어렵지 않게 생각해낼 수 있을 것이다.

그런 다음 다른 사람이 저지른 부끄러운 일 두세 가지를 떠올려보자. 그 사람이 최근 부주의하게 행동했거나, 공공장소에서 어색한 순간을 만들었거나, 술집에서 취해 주정을 부렸거나 한 일들 말이다. 아마 잘 떠오르지 않을 것이다.

이것이 조명 효과다. 우리는 저마다 자신의 영화 속 주인공이기에 항상 자신에게 시선을 고정한다. 또 늘 남들의 주목을 받으며, 사람들이 언제나 자신의 모든 움직임과 말을 보고 듣고 생각하고 이야기한다고 여긴다. 이는 우리에게 좋은 영향을 주지 않으며, 그저 편집증에 빠지게 할 뿐이다.

진실은 이렇다. 누구도 그렇게 남에게 신경 쓰지 않는다는 것. 남이 무엇을 하거나 어떤 말을 하든 상관하지 않는 것이다. 대부분 사람은 남이 저지른 어리석은 일의 99퍼센트를 기억하지 못한다. 남 일에 늘 이러니저러니 하는 사람은 아무도 없다. 가장 친한 친구, 연인 혹은 쌍둥

이가 아닌 이상 자신이 아닌 타인을 그렇게 자주 생각하는 사람은 없다.

조명 효과가 어떻게 일어나는지는 사실 이해하기 쉽다. 당신은 당신으로서 살아가야 하기에, 당연하게도 당신 세상 속 중심은 당신 자신이다. 당신이 아니면 당신은 존재하지 않는다. 이 말은 곧 당신의 내부에서 당신 자체의 중요성이 실질적으로 얼마나 큰지를 뜻한다. 그러나 당신이 아닌 다른 사람의 삶에서 당신의 중요성은 대개 크지 않다.

게다가 당신 주변 사람들 역시 그들 자신의 조명 효과를 받고 있다. 그들은 그들의 삶, 그들 인생의 주인공인 자신을 걱정하느라 당신의 모든 움직임을 비난하거나 당신과 관련한 일에 지나치게 시간을 쏟고자 하는 마음이 눈곱만큼도 없다.

그런데 최근 이 조명 효과로 인한 문제점이 점점 커지고 있다. 불과 몇 년 전까지만 해도 무해한 정도였으나 소셜 미디어가 모든 것을 바꿔놓았다. 페이스북 Facebook, 트위터 Twitter, 스냅챗 Snapchat, 인스타그램 Instagram 같은 소셜 미디어에 있을 때 우리는 단순히 자신으로서 존재하지 않는다. 우리 각자가 하나의 미디어 회사가 된다. 물론 아주 작은 회사이긴 하지만, 하는 일은 대기업에 버금간다. 글을 펴내고 소식을 보고하고 동영상과 음악, 사진을 유통하며, 개인의 특성을 내세우고 상품화하기 때문이다. 그리고 그 모든 것이 조명 효과를 완전히 새로운 방식으로 강화했다.

대다수는 조명 효과가 무엇인지 잘 모른다. 혹시 알고 있다고 해도 고통의 원인으로 여기지 않는다. 어느 쪽이든 사람들은 세상이 자신에 대해 어떻게 생각하는지 파악하며 시간을 낭비한다. 사실 아무도 신경 쓰지 않는다는 점을 깨닫지 못한 상태로 말이다.

그런데 조명 효과가 그저 하나의 심리적 효과에 불과하다는 점을 인식한다면 어떨까? 모든 것이 상상 속에서만 존재하는 허상일 뿐이라면? 누구도 당신에게 그렇게까지 관심을 가지지 않는다는 점을 깨닫는다면, 당신은 보다 쉽게 안전지대를 벗어나게 될 것이다.

사람들이 자신에게 그리 관심을 두지 않는다는 사실을 알게 된다면 마음속에 있는 말을 하기가 그렇게 두렵지 않을 것이고, 가끔 저지르는 바보 같은 실수에 대해서 지나치게 부끄러워하지도 않을 것이다. 그리고 인터넷상에서 자신이 다른 사람들에게 어떻게 비치는지 주시하는 일을 그만둘 것이다.

당신이 다른 사람을 그리 많이 생각하지 않고 그들도 당신에 대해 생각하지 않는 것은 매우 축하할 일이다. 그 덕분에 당신은 마음 편하게 어디든지 다니고 원하는 것은 무엇이든 할 수 있는 자유를 얻을 수 있기 때문이다. 현재 누군가가 당신에게 신경을 쓴다고 하더라도, 다른 사람이 저지른 또 다른 실수를 발견하면 이내 당신의 실수는 잊어버릴 것이다.

이 훈련은 또한 가까운 친구나 가족과의 결속을 강화하는 데에도 도움을 준다. 대부분의 경우 당신이 저지른 잘못과 실수는 그들에게 별일이 아닐 것이다. 이미 그들은 당신의 그런 모습을 여러 번 보아왔을 테지만 여전히 당신 곁에 있다. 오히려 당신의 그런 면을 사랑할 수도 있다.

자유롭게 이야기하고 사소한 잘못이나 실수에 대한 보복이나 비난을 두려워할 필요가 없는 집단에 속해 있을 때, 당신은 있는 그대로 존재할 수 있다. 적어도 한동안은 조명 효과를 이겨낼 수 있는 것이다.

스스로 만든 이야기에서 깨어나기

우리가 안전지대를 벗어나는 데 두려움을 느끼는 이유는 타인의 비난 때문만은 아니다. 스스로가 만든 수많은 부정적인 생각과 감정 역시 우리를 망설이게 한다. 안전지대에서 벗어나기 위해서는 이 마음속 악마와도 협상해야 한다.

마음속 악마 중 가장 강한 것은 자신에게 하는 말을 뜻하는 '방어기제'다. 우리가 그것을 거짓말인지 진실인지조차 알지 못하기에 이 목소리는 특히나 골칫거리다.

'방어기제'라는 말은 정신분석요법에서 처음 나와 시간이 흐르면서 대중에게 알려지고 널리 퍼져 일상 용어가 됐다. 좀 더 자세히 설명하자면, 방어기제는 불안을 줄이고자 무의식적이고 정신적으로 보이는 모든 반응을 말한다. 이 기제가 작동하면 자신의 연약함과 약점에 대면하는 불쾌한 일이 생기지 않도록 스스로 보호하게 된다. 방어기제는 위협이나 도전 혹은 생각하고 싶지 않은 것들, 다시 말해 안전지대 밖에 있는 모든 것을 다루는 일로부터 우리를 보호한다.

이는 일상생활에서도 쉽게 드러난다. 어떤 문제에 관해서 부정했던 일이나 당신이 누군가로부터 '합리화한다'고 비난받았던 일을 떠올려보자. 이 모든 것은 마음속 깊은 곳에 자리한 방어기제 때문일 가능성이 크다.

근대 정신분석은 오스트리아의 심리학자인 지그문트 프로이트 Sigmund Freud의 업적을 그대로 계승하고 있다. 그는 방어기제의 본성을 매우 자세하게 묘사한 성격 모델을 개발했다.

프로이트의 모델에서 현실과 소통하는 성격적인 측면은 자아, 즉 '에고 ego'다. 이는 우리의 일부로, 의식과 잠재의식을 중재해 균형을 맞추고 생산적인 방식으로 살아가게 해준다.

에고를 움직이는 동력은 이드 id와 슈퍼에고 superego다.

이 둘은 서로 다른 방식으로 작용하지만, 반대되는 관계가 아닌 동반 관계를 이룬다.

이드의 주된 목표는 모든 것을 갖는 것이다. 개인이 지닌 모든 욕망, 필요, 충동을 채우고자 한다. 이는 아주 원초적인 성향으로, 사회적 예의, 적합성, 도덕, 심지어 원하거나 필요한 것이 무엇인지를 살피는 지적인 의견까지 무시한다. 이드는 기본적으로 야만적인 동물과 같다.

반대로 슈퍼에고, 즉 초자아는 도덕이나 법규, 이상에 따라 움직인다. 슈퍼에고는 다양한 출처에서 얻은 모든 가치를 지니고 있다. 부모, 종교, 다른 가족 구성원의 의견과 사회가 일반적으로 용인하는 적절한 방식이 여기에 속한다. 당연히 이드만큼 즐겁지는 않지만, 옳고 그름에 대해 명확한 대답을 가지고 있다.

프로이트는 에고가 이드와 슈퍼에고가 자주 벌이는 거친 싸움에서 자신을 보호하고자 방어기제를 구축한다고 믿었다. 둘의 충돌은 불안과 죄책감을 토대로 생기며 에고는 자신이 느끼는 감정에 대해 스스로 어쩔 수 없이 거짓말을 하면서 이 불쾌한 감정을 없애려고 한다는 것이다.

이때 중요한 점은 무엇이 진실이고, 무엇이 방어기제의
산물인지 파악하는 일이다. 다른 사람이 방어기제를 쓸
때는 파악하기 쉽지만, 자신의 경우에는 그렇지 않다. 이
를 제대로 구분하지 못하면 안전지대에서 벗어나기가 더
욱 힘들어진다. 자기 자신을 안전지대에 봉인하게 하는
방어기제를 발동하는 데는 다양한 심리적 원인이 있다.
그중에서도 가장 보편적인 세 가지를 소개한다.

합리화

어떠한 감정이나 행동에 대한 핑계나 그럴싸한 설명을 찾
는 일은 자신에 대한 원망이나 죄책감을 모면하는 보편적
인 방법이다. 그런데 이처럼 무언가를 합리화하면 우리는
안전지대에 묶이게 된다.

예를 들어보자. 당신은 롤러스케이트가 '애들이나 타는
것'이라고 생각해 롤러스케이트장에 가지 않기로 한다.
여행을 떠나려 하다가도 '요즘 항공사는 서비스가 엉망이
야. 그리고 비행기는 위험해. 하늘에 그 커다란 고철 덩어
리를 어떻게 계속 띄워두겠어? 언제고 사고가 나겠지'라

고 생각하면서 비행기를 타지 않는다. 또한 '빈곤에 대한 실질적인 해결책이 아닌데, 내가 가서 하는 일이 무슨 도움이 되겠어'라고 생각하면서 급식 지원 자원봉사를 하지 않기로 한다.

이 모든 반응이 합리화다. 우리는 자신의 행동을 정당화하고자 여러 가지 핑계를 대고 진실을 왜곡한다. 자신이 어떤 식으로 자기 행동을 합리화하는지 인식조차 하지 못하는 사람들도 있다. 그들뿐만 아니라 사실 대부분 사람이 자기가 하는 거짓말을 거리낌없이 진실이라고 믿는다.

합리화는 이어서 소개할 주지화 intellectualization 와 비슷하지만, 그보다 더 나쁜 행동이다. 후회되는 선택을 한 뒤에 정교한 방식을 찾아 다른 누군가를 비난하려고 하는 행동이기 때문이다. 다른 사람에게 책임을 전가하는 행위는 특히 자신이 저지른 행동이 부끄럽거나 수치스러울 때 더욱 흔히 일어난다. 응석을 부릴 사람이 앞에 있을 때 성질을 부리고는 스스로 어쩌지 못하는 상황 때문이라고 핑계를 대는 것이다. 자신이 그렇게 행동하도록 누군가가 떠밀었다며 상황을 왜곡하기도 한다.

합리화가 진정으로 나쁜 이유는 이처럼 자신의 욕망과 의도에는 무죄를 주고, 다른 사람에게 유죄를 선고하는 일이기 때문이다. 적어도 자신이 잘못한 건 없다고 스스로 생각하면서 말이다.

부정

당신은 이웃의 개가 정말로 성가시다. 그 개는 매일 당신 집 마당에 들어와서 쓰레기통을 뒤지고 잔디에다 똥을 누고 간다. 당신은 이웃에게 개 관리를 좀 잘해달라고 진심으로 말하고 싶지만, 한편으로는 그런 상황을 최대한 피하고 싶다. 가서 따지는 것은 안전지대에서 벗어나는 일이기 때문이다.

그래서 스스로에게 이 문제는 별일이 아니라고 말한다. '잘 생각해보면 사실 아무 문제도 없어. 개가 집 전체를 망가뜨린 건 아니잖아. 게다가 동물은 자유롭게 돌아다녀야 해' 하고 말이다.

이렇게 생각하다 보면 당신은 기회를 잡고 이웃에게 문제에 대해 말하고 싶지 않게 된다. 스스로 위협은 존재하지 않는다고 말하며 옆집 개가 당신의 잔디를 망가뜨리는 행위를 용인하는 것이다.

이것이 부정의 사례다. 의식적으로 외부의 문제를 차단하는 것으로, 감당하기 어려운 상황을 경험하기를 거절하는 행위를 뜻한다.

부정은 가장 위험한 방어 방식이다. 진실을 무시함으로써 현실에서 벗어날 수는 없기 때문이다. 불리한 상황을 다루기 위해서는 최대한 진실을 마주할 필요가 있다. 진실을 인식조차 하지 않으려 하거나 적극적으로 피하다 보면 사태는 더욱 악화된다.

예를 들어, 흡연자들은 담배가 신체에 나쁜 영향을 미친다는 사실을 인정하기를 거부한다. 부정하면서 진실을 받아들이지 않는 것이다. 이때 합리화는 부정에 힘을 실어준다. '괜찮아. 난 그저 남들이 피우는 만큼만 피우는걸' 하며 말이다.

부정은 약물 남용, 충동적인 쇼핑이나 도박과 같이 자기 자신을 파괴하는 나쁜 행동이나 습성으로 발전할 수 있다. 이처럼 왜곡된 상태에 처한 사람에게 어떻게 그런 일이 벌어졌는지 살피지 않고 그저 그 행동을 그만두라고 충고하면 안 된다. 이는 또 다른 형태의 부정이기 때문이다. 이런 방법은 슈퍼에고를 달랠 수는 있지만 근본적인 문제를 해결하지는 못한다.

부정은 트라우마를 가진 사람이나 재해의 피해자들에게서 나타나기도 한다. 물론 초기의 방어적 행동으로서 일시적으로는 꼭 필요하다. 그러나 부정이 장기적으로 이어지면 자기 자신, 그리고 인생에 대한 이해를 막을 수도 있다. 그 결과는 가히 파괴적이다.

주지화

주지화는 감정으로부터 자신을 분리하고, 지적인 분석을 통해 문제에 대처하고자 하는 심리적 현상을 뜻한다. 그리고 이는 많은 사람이 방어기제가 아니라고 오해하는 행동이기도 하다.

당신이 대학에서 수강 신청을 한다고 생각해보자. 당신은 교양 과목과 연계된 문학, 역사, 사회학을 꽤 잘하는 편이다. 졸업 요건을 갖추려면 수학 과목도 들어야 하는데,

무슨 이유에서인지 숫자가 무섭다.

그래서 대수학 과목을 신청하는 대신 이번 학기에도 그 수업을 들을 수 없는 이유를 스스로 설명한다. '평소에 누가 대수학을 쓰겠어? 칠판 말고 그 공식을 볼 수 있는 곳이 세상에 있을까? 우리한테는 계산기가 있는데 말이야. 참 의미 없는 학문이야. 실생활에 대수학을 쓸 일이 없다고.'

당신은 스스로 원하는 행동을 해도 괜찮다고 이야기한다. 이처럼 주지화는 자신이 원하는 행동에 대해 대단히 복잡하면서도 논리적인 설명을 찾으려고 한다. 냉철한 관점에서 문제에 대해 생각하면서 불안이나 걱정을 줄이는 것이다. 당신은 아마 이렇게 말할 것이다.

"그래, 내 설명이 일리가 있어. 그러니 괜찮은 거야!"

주지화는 극복하기 힘든 문제나 감정을 풀어나가는 데 필요한 요소이기도 하다. 그러나 대개는 스스로 원하는 것만 해도 괜찮다고 느끼게 하는 도구로 이용된다. 우스운 점은 똑똑한 사람일수록 주지화를 더 많이 활용한다는 점이다. 주지화하는 과정에서 사용할 지식을 더 많이 가지고 있기 때문이다.

주지화를 방어기제가 아니라고 쉽게 오해하는 이유는 상황을 논리적으로 바라보는 행위가 나쁘다고 생각하는 사람은 거의 없기 때문이다. 하지만 주지화를 통해 불편한 감정을 줄이는 일은 장기적으로 볼 때 효율적이지 못하다.

정신과 마음은 서로 협조해야 한다. 감정이 정신을 덮어버리는 것은 간단히 말해 장기를 잘못 쓰는 일과도 같다. 주지화 때문에 새로운 도전이나 모험을 즐기지 못하게 된다면 우리는 안전지대에 계속 갇혀 있을 수밖에 없다.

그동안 가졌던 믿음을 깨부숴라

안전지대는 우리에게 친숙한 것들과 연결되어 있다. 친숙한 것에는 단순히 편안한 감정뿐 아니라 '올바르다는' 기분이 들게 하는 것도 포함한다.

무엇이 옳은지에 관한 기준은 저마다의 신념과 믿음에 따라 구성된다. 믿음은 우리의 경험과 세상과의 소통을 통해 형성되고, 이것이 정신적 모델을 구축한다. 그리고 우리는 이를 반박할 여지가 없는 진실로 여긴다. 하지만 이런 믿음은 감정이나 심리적인 요소에서 비롯되므로, 이성적이지 않을 가능성도 있다.

믿음은 용기나 의지를 기르는 중요한 요인이기도 하지만, 꿈을 좇고 잠재력을 현실화하는 과정에서 방해물이 될 수도 있다. 믿음의 상당수는 어린 시절에 형성되고 축적된다. 우리는 타인과의 소통을 통해 믿음을 습득하고, 부모님 등 권위자들이 정한 규칙을 통해 이를 강화해나간다.

무엇을 잘못했거나 부모님의 기대에 부응하지 못했을 때 혼이 났던 일을 떠올려보자. 부정적인 믿음은 어린이의 자아 존중감을 갉아먹으며, 그 결과는 어른이 되었을 때 나타난다. 스스로 능력이 모자라고 재능이 충분하지 않다는 잘못된 확신을 갖게 되는 것이다.

이런 믿음은 우리를 안전지대에 가두고, 우리에게 안전지대를 벗어날 능력이 없다고 말한다. '난 그리 똑똑하지 않아', '난 적합한 사람이 아니야', '난 너무 못났어', '난 할 수 없어', '나한테 가당치 않아'라고 속삭이며 안전지대를 벗어날 생각조차 하지 못하게 머릿속에 네온사인을 띄우는 것이다. 이런 소리에 귀를 기울이다 보면 결국 새로운 일에 도전하지 못하게 된다.

이런 믿음 중 일부는 고통과 쾌락 반응에서 비롯된다. 두뇌는 어떠한 상황에 부닥치면 고통이나 쾌락을 불러내는 특정한 행동을 할 것인지 묻는다. 행동에 대한 두뇌의 모든 결정은 고통을 피하거나 즐거움을 얻는 데 도움을 주게 되어 있다.

자신의 의사결정 패턴을 살펴보면 내면에 자리한 숨은 믿음이 무엇인지 알 수 있다. 그런 믿음은 보통 과거에 고통이나 쾌락을 경험한 사건에서 비롯된 것이다. 당신이 어릴 때 친구들에게 행동이 굼뜨다고 놀림을 받은 적이 있다고 치자. 그로부터 20년 뒤 댄스 수업에 참여하라는 초청을 받았는데, 당신은 스스로 춤출 몸이 아니라고 생각해 거절했다. 어린 시절 친구들로부터 비웃음을 샀던 경험, 즉 고통을 다시 일깨우고 싶지 않아 그런 선택을 한 것이다. 그렇지만 이 선택으로 당신은 새로운 것을 배울 기회를 놓치고 말았다.

안전지대에서 벗어나려 할 때 느끼는 현재의 불안은 과

거의 고통 혹은 쾌락을 통해 강화된 것이다. 그리고 이 믿음은 사물, 사람, 인생에 대해 스스로가 일반화한 것들이다. 이 같은 것들은 세상에 대한 자신만의 세계를 형성하며 스스로 우월감을 느끼게 해주지만, 대상을 편파적으로 일반화할 뿐만 아니라 자신의 모험성을 억제하게 하는 요소가 된다. 모험성 자체를 자신의 세계관 속에 자리할 수 없는 것으로 여기게 되기 때문이다.

미국의 양극단에 사는 친구 두 명이 있다고 생각해보자. 한 명은 캘리포니아 시골에서 자랐고 다른 한 명은 뉴욕에서 자랐다. 캘리포니아 출신인 당신은 스스로 캘리포니아 출신인 사람들을 꽤 잘 안다고 생각한다. 그리고 뉴욕 출신인 사람에게는 좀 더 가혹한 판단을 내려 그들이 좀 오만하며, 남을 잘 부려먹고, 성격이 예민할 것이라 생각한다. 어쩌면 어린 시절 부모님이 뉴욕 사람들을 '지나치게 거만한 사람들'이라고 말한 것을 기억하고 있는지도 모른다. 아니면 뉴욕을 배경으로 한 영화 한두 편을 보고 그들을 부정적으로 평가하는 것일 수도 있다.

이유가 무엇이든 간에 당신은 이런 의견을 모든 뉴욕

사람에 대한 믿음으로 형성했다. 게다가 고향이 같다는 이유로 고향 친구를 완전히 믿기도 하고, 그들이 최소한 뉴욕 사람이 아니라서 더 믿음직스럽고 친구로 지내기 적당하다고 생각한다.

하지만 실제로 뉴욕 사람 중에는 좋은 사람도 많으며, 시골 출신 전부가 결점이 전혀 없는 것도 아니다. 그러나 당신은 단편적인 정보를 토대로 일반화했다. 비록 겉으로는 그들에게 잘 대했다고 하더라도, 이런 생각이 어떤 면에서는 뉴욕 사람에 대한 자신의 태도에 영향을 미쳤을 것이다.

다시 설명하자면 이렇다. 당신이 캘리포니아 시골에서 뉴욕으로 이사를 하게 되었다고 치자. 당신은 뉴욕 친구를 한 명도 사귀지 못하게 되는데, 그 이유는 그들에 대해 은연중에 형성한 잘못된 믿음 때문일 가능성이 크다. 그 믿음이 당신이 뉴욕 사람에게 우호적으로 행동하지 못하게 했기 때문이다.

잘못된 믿음은 반대되는 증거를 만남으로써 타파할 수 있다. 이 증거를 '대안적 설명'이라고 부르기도 한다. 대안적 설명은 구체적인 증거와 같은 개념은 아니지만, 실질적인 증거를 재해석하게 한다. 우리가 어떤 결론을 내리든지 간에 거기에 맞게 증거의 의미를 형성하는 것이다.

앞선 예시에서, 뉴욕 친구가 알고 보니 친절하고 인정이 많다는 반대되는 증거를 통해 기존의 믿음을 타파할 수 있다. 아니면 그 친구가 뉴욕 사람들이 어떨 때 못된 것처럼 보이는지 이유를 말해주어 오해를 풀 수도 있다. 혹은 스스로 뉴욕은 24시간이 쉴 틈 없이 돌아가는 대도시로, 살아남기 위한 경쟁이 다른 곳보다 더 치열하다는 것을 깨닫게 될 수도 있다. 이것이 대안적 설명이다.

뭔가에 대한 믿음을 가지고 있는 것이 잘못됐다는 뜻은 아니다. 어떤 믿음은 우리의 존재가 어떤 의미가 있는지 일깨워주고 일상을 헤쳐나가는 데 도움을 준다. 그러나 안전지대를 벗어나기 위해서는 은연중에 형성된 믿음이 자신을 안전지대에 가둔다는 점을 인정하고, 자신의 믿음이 잘못된 것일지도 모른다는 사실을 시인해야 한다.

인간의 두뇌는 신념 체계에 영향을 받아 변할 수 있는 독립체라는 점을 기억하자. 우리는 믿음과 신념을 바탕으로 삶을 살아가고 있기에 가장 견고한 믿음을 깨트리는 일은 생각보다 힘들 수도 있다. 그러나 스스로 열정을 가지고 탐구하고 열린 태도를 가지면, 이런 폐쇄적인 믿음을 하나씩 무너뜨릴 수 있다.

불가능하다고 증명될 때까지
모든 것이 가능하다.

제4장

시작은 기적을 일으키는
유일한 방법이다

Awake

Awake

무엇이든 시작이 가장 어렵다. 사실 새로운 일을 시작할 완벽한 시기란 절대 존재하지 않는다. 항상 방해 요소가 존재하고, 우리는 필연적으로 고통을 경험하게 된다. 많은 사람에게 낯선 무언가를 새롭게 시작하는 일은 곧 안전지 대에서 벗어나는 행위를 의미한다.

이때 이러한 상황을 미루고 싶어지는 건 당연하다. 불안한 마음에 최대한 준비를 하기 위함일 수도 있고, 너무 두려운 나머지 시도하는 것 말고는 다른 대안이 없을 때까지 어떻게든 피하려는 것일 수도 있다.

그러나 '준비'라는 명분으로 새로운 시도를 자꾸 미루기만 하면 의도가 어떻든 간에 일종의 공백이 생긴다. 전설적인 처세술 전문가인 데일 카네기^{Dale Carnegie}는 이 점에 대해 다음과 같이 지적했다.

> "행동하지 않으면 의심과 두려움이 자란다. 그러나 행동을 시작하면 자신감과 용기가 커진다. 두려움을 극복하고 싶다면 가만히 앉아서 생각만 하지 마라. 밖으로 나가서 바쁘게 움직여라."

준비가 덜 되었다고 느껴지는 상황일지라도 행동에 나서는 습관을 키워야 한다. 이 장에는 망설임 없이 행동을 시작할 수 있게 해주는 실용적인 방법들을 담았다. 본격적으로 방법을 익히기에 앞서 "일단 뛰고 그다음에 돌아보라"라는 말을 마음속으로 되새겨보자. 이는 살아가면서 겪는 모든 상황에 적용되는 말은 아니지만 안전지대에서 벗어나는 일에서만큼은 새겨들을 만한 격언이다.

완벽주의는 핑계일 뿐이다

미루는 버릇이 나쁘다는 것은 모두가 알고 있다. 그렇지만 완벽하게 하기 위해 무언가를 미루는 일은 어떻게 보면 훌륭하고 좋은 태도일 수도 있지 않을까?

잠깐, 너무 성급하게 묻지 않아도 된다. 사실 미루는 버릇과 완벽주의는 서로 유기적인 관계다. 이 둘은 함께 움직이며, 생산성과 정신력을 약화하는 영원히 끊기지 않는 고리를 구성한다.

우선 미루는 버릇의 정의는 간단하다. 마지막 순간까지 실행을 연기하는 것이다. 완벽주의는 이를 자연스럽게 해줄뿐더러 행동을 억제하고 침체한 상태에 머물게 한다.

사실 완벽이란 존재하지 않기에 이를 추구한다는 건 이치에 맞지 않는다. 완벽주의는 '가장 고차원적인 자기 학대'로 불리기도 한다. 완벽이란 뇌수술 전문의가 아닌 이상 대부분 상황에서는 절대 필요하지 않으며, 이를 고수하는 것은 자존감을 지키려는 시도일 뿐이다.

또한 대개 완벽주의는 타인의 기대와도 관련이 있다. 타인을 실망시키지 않기 위해서는 모든 활동을 매끄럽고 결점 없이 해야 하며 그럴 수 없다면 차라리 전혀 하지 않아야 한다고 생각하는 것이다. 그런 생각은 안전지대에서 벗어나는 모험을 떠나지 못하게 한다. 열망하는 무언가를 취할 기회를 붙잡는 대신 아무에게도 비난받지 않는 안전한 곳에 억지로 머물게 하는 것이다.

미루는 버릇은 완벽주의의 가장 보편적인 증상이다. 완벽주의자들은 주어진 과제를 완벽하게 끝내지 못할까 봐 두려워하며 시작을 최대한 미룬다. 미리 정해진 목표를 이루지 못하면 스스로 가치가 없다고 느끼기 때문이다. 이들은 실패하면 내부나 외부에서 비난이나 조롱을 듣게 될 거라고 생각한다. 이 두려움이 심해질수록 완벽주의자의 미루는 버릇도 더 굳어진다.

미루는 버릇과 게으름은 다르다는 점을 분명히 해두자. 역설적이게도, 미루기의 원동력은 제대로 해보겠다는 불타는 의지다. 그저 좌절과 실패가 두려워 그런 불안을 미루기로 분산하는 것뿐이다. 미루는 버릇을 가진 완벽주의자들은 기준이 하늘만큼 높으며, 그 기준에 닿는 게 자신의 능력 밖이라고 여겨지면 우회를 통해 불안에서 옆으로 비켜선다.

완벽은 어떻게 해서도 이룰 수 없다는 것은 사실 누구나 알고 있다. 완벽한 사람은 물론, 어떤 상황에서도 100퍼센트 완벽한 일은 존재하지 않는다. 그러니 자기 자신을 '완벽주의자'라고 부르며 완벽하게 해낼 수 없다고 생각해 시작조차 하지 않는 것은 핑계일 뿐이다. 이들은 정확한 기준이 있는 완벽주의자도 아닐뿐더러 미루는 버릇은 그저 불편과 변화로부터 자신을 감싸는 행위에 지나지 않는다.

완벽주의는 또한 타인이 자신에게 기대한다고 믿는 것으로 둘러싸여 있다. 외부로부터 인정받고자 하는 욕망은 자연스럽게 행동하지 않는 것으로 이어지는데, 아무것도 하지 않으면 아무도 실패했다고 보지 않기 때문이다.

여기서 제3장에서 살펴본 조명 효과를 기억해야 한다. 아무도 우리를 지켜보지 않고, 아무도 우리에게 관심 없으며, 아무도 우리가 하는 일을 상관하지 않는다. 다들 자신의 문제에 둘러싸여 있기에 남이 저지른 실수에 관심을 둘 여력이 없다. 이 사실을 기억하며 다른 사람에게 잘 보이려는 욕망을 놔주고, 자신의 성과를 자아 존중감과 분리하려고 노력해보자.

또한 완벽과 탁월함 사이에는 엄청난 차이가 존재한다는 점을 인식해야 한다. 탁월함을 추구하는 일은 최선을 토대로 한 정상적이고 건강한 의지다. 이와 극명히 대조적으로, 완벽주의는 실수나 부족함에 대한 두려움에서 나온 부정적인 감정이다.

완벽이란 비현실적이고 성취 불가능하다는 점을 기억하자. 완벽주의는 어떤 행동을 하지 못하게 하고, 그렇게 하지 않는 핑계를 대는 데 쓰이는 도구일 뿐이다. 완벽해야 한다는 생각이 안전지대에서 나가지 못하게 정면으로 막고 있다면, 당신은 그저 그 생각에 스스로 속고 있는 것뿐이다.

계획은 실행이 아니다

　　　　　　자신이 앞으로 취할 행동을 끊임없이 분석하거나 예측하고 평가하는 과정은 우리를 안전지대에 머물게 하는 또 다른 요인이다.

일상생활을 예로 들어보자. 세계에서 가장 성공한 회사를 포함해 다수의 업체는 가끔 '회의 문화'에 대해 논쟁을 벌인다. 임원 회의, 부서 회의, 1대1 면담 등 기업에서 이뤄지는 회의는 참으로 많다. 간혹 프로젝트가 어떻게 진행되고 있는지 파악하는 데 지나지 않는 회의도 있다. 오히려 이 모든 회의를 없애야만 그 프로젝트가 더 잘 진행되는 건 아닐까 하는 생각이 들 정도다.

물론 회의가 필요할 때도 있다. 그러나 회의는 결국 실제로 일을 하는 것이 아니라 일에 관한 개념을 논하는 자리에 불과하다. 보통 회의에서 나오는 의견 중 명확하고 실체가 있는 것은 거의 없으며, 이러한 의견들이 실제로 진행되는 경우 역시 많지 않다.

이는 '계획 마비planning paralysis'와 같다. 계획 마비란 계획을 진행보다 훨씬 우선순위로 두고 이 단계에서 더 나아가지 못하는 것을 말한다. 안전지대를 벗어나지 못하는 사람 중에도 실제 목표를 달성하는 것보다 계획을 더 중시하거나 더 가치 있는 것으로 여기는 사람들이 많다.

궁극적으로 계획 마비는 미루기의 또 다른 형태에 지나지 않는다. 필요 이상으로 정보를 모아 다양한 방식으로 분석하며 머릿속에서 이리저리 논쟁을 벌이는 건 실제로 행동에 나서는 일을 지연시킨다. 이들에게는 행동하는 것보다 계획을 세우는 것이 훨씬 더 쉽기 때문이다.

사실 계획 자체가 일종의 안전지대다. 무언가를 하려면 밖으로 나가 위험을 감수해야 하지만, 계획을 세울 때는 그저 편하게 앉아 있을 수 있기 때문이다. 또 계획을 세우면 전반적인 목표를 향해 생산적으로 움직이고 있다고 스스로 합리화할 수도 있다.

몇 시간 동안 안락의자에 앉아 파스타 요리법을 찾으려고 요리 사이트를 뒤적거린다고 해보자. 당신은 완벽해 보이는 훌륭한 요리법을 찾은 지 얼마 지나지 않아 그보다 더 흥미로운 요리법을 발견한다. 그래서 계속 다른 요리법을 찾아본다. 그러다 곁들임 요리를 만드는 레시피까지 알게 된다. 한 가지 요리에 수많은 응용법까지 알게 되었고 모두가 좋아 보인다. 그런 다음에야 저녁 시간이 5분밖에 남지 않았음을 깨닫는다. 하지만 당신은 아직 냄비에 물도 채우지 않았다. 돌이켜보니 제일 처음 찾아본 요리법이 가장 괜찮은 거였다.

목표를 정하고 세부 계획을 꼼꼼히 더하는 방식이 나쁘다는 말은 아니다. 문제는 이를 행동에 나서지 않게 하는 도구로 사용할 때다. 무언가를 계속 준비하고 알아볼수록 마음속에서 모든 행동이 실패할 것이고 시도 자체가 어리석다고 믿도록 열변을 토하는 목소리가 생겨나기 때문이다.

실행에 앞서 모든 계획을 세워둘 필요는 없다. 완벽할 정도로 계획을 세웠더라도 계속해서 준비가 덜 되었다고 느낄 수도 있기 때문이다. 그 점을 인식하면 비로소 곰곰이 생각하는 상태에서 벗어나 작업복을 걸치고 일을 시작할 수 있다. 과도한 계획은 대부분 우리를 계획 뒤로 숨게 하는 불필요한 과정이다. 이러한 행동이 우리를 안전지대에서 절대로 벗어나지 못하게 한다는 점을 잊지 말자.

뛰어들기에 가장 완벽한 타이밍

대부분의 사람은 자신이 필요로
하는 적절한 정보를 모두 가지지 않는 한 안전지대에서
나오길 꺼린다. 불안한 마음에 가능한 한 많은 정보를 파
악하려 하는 행동은 그리 나쁜 건 아니다. 하지만 너무 많
은 정보를 가지려 하며 시간을 낭비하고 있지는 않은지
생각해볼 필요가 있다.

전 미 국무부 장관 콜린 파월^{Colin Powell}은 의사결정을 내
릴 때 필요한 한 가지 규칙을 세웠다. 그는 결정을 내리는
데 필요한 정보는 40퍼센트 이상, 70퍼센트 이하여야 한
다고 말했다. 이 범위가 적절한 선택을 할 수 있는 충분한
양이며, 결심을 잃고 안전지대에 머물게 할 만큼 너무 많
은 정보가 담겨 있지 않은 적정선이라는 것이다.

이 규칙을 자세히 살펴보자. 먼저 필요한 정보를 40퍼
센트 미만으로 가지고 있으면 성급히 반응하게 된다. 또
한 일을 어떻게 진행해야 하는지 충분히 알지 못하기 때
문에 많은 실수를 저지를 확률이 높다. 이와 반대로 필요

한 정보의 70퍼센트 이상을 얻을 때까지 쫓아다니면 확신을 얻기는커녕 정보에 압도당하고 만다. 70퍼센트보다 더 많은 정보가 필요한 상황은 거의 없으며, 오히려 기회를 놓칠 가능성이 크다.

40퍼센트 이상 70퍼센트 이하의 적절한 정보를 얻으면, 직관에 따라 결정을 내리고 앞으로 나아갈 수 있다. 이 규칙은 콜린 파월을 효율적인 지도자로 성장시켰다. 올바른 의사결정을 통해 제대로 된 방향을 가리킬 수 있는 지도자는 조직을 성공적으로 이끈다.

이제 안전지대에서 벗어나는 우리의 목표를 위해 '정보'라는 단어를 다른 동기 요인으로 교체해보자. 40~70퍼센트의 경험, 40~70퍼센트의 독서, 40~70퍼센트의 자신감, 40~70퍼센트의 계획으로 말이다. 이 특정 범주는 우리가 과제를 수행하면서 스스로 행동을 이끄는 데 도움을 줄 것이다.

만약 70퍼센트 이상의 정보 혹은 자신감, 경험 등을 얻으려고 하면 새로운 일에 뛰어드는 속도가 느려져 많은 부정적인 결과를 불러올 것이며 가속도나 흥미가 없어지고 아무 일도 시도하지 않게 된다. 즉, 이 한계점을 벗어나면 더는 얻을 것이 없을 가능성이 매우 크다.

당신이 다양한 술을 파는 칵테일 바를 열려고 한다고 가정해보자. 가게를 열 때 세상의 모든 술을 준비해야 한다고 생각하지는 않겠지만, 한편으로는 고객이 고를 술이 충분하지 않다면 가게를 제대로 운영할 수 없을 것 같아 걱정이 된다. 그래서 당신은 재고를 최소 40퍼센트 확보할 때까지 기다리기로 한다. 그래야 판매에 가속도가 붙기 때문이다. 필요한 술을 절반 정도 얻었다면 문을 열 준비가 제대로 된 것이다.

바텐더 가이드에 등장하는 모든 술을 준비할 수는 없지만, 이 정도면 가장 많이 팔리는 칵테일 여러 가지와 변형된 칵테일 한두 가지를 제공할 수 있다. 재고를 50~60퍼센트 정도 확보하면 가게를 오픈할 준비는 완전히 끝났다. 남은 재고가 도착할 무렵에는 이미 영업을 시작했기 때문에 새로운 재고를 기존의 것에 더하기만 하면 된다.

만약 당신이 재고를 70퍼센트 이상 확보할 때까지 기다린 뒤 가게를 열려고 했다면 어떻게 되었을까? 아마 생각한 것보다 더 오래 기다려야 해서 중간에 의욕을 잃어버렸을 것이다.

어떤가? 이런 식으로 생각하면 더 빨리, 더욱 수월하게 행동에 나설 수 있다. 한 가지 주의할 점은, 40퍼센트를 갖출 때까지는 기다려야 한다는 것이다. 이는 안전지대에 가만히 앉아 있는 것이 아니라 이를 벗어나는 데 필요한 것이 무엇인지 적극적으로 찾는 과정이다. 40퍼센트의 정보를 확보한 다음에는 대담하게 행동하려고 노력해보자. 이 법칙은 안전지대에서 재빨리 빠져나올 수 있게 자신을 깨우쳐줄 것이다.

포기는 실패가 아니라 선택사항 중 하나다

이 장의 주제는 새로운 일에 미숙할 때 행동할 수 있는 방법을 찾는 것이다. 새로운 길로 나아가는 과정에서 실수는 반드시 생기기 때문이다.

우리는 간혹 이뤄질 가능성이 없는 무언가에 뛰어든다.

어쩌면 당신에게는 어렵게 안전지대를 벗어나 목표를 이루려 했지만 만족스러운 결과를 얻지 못한 경험이 이미 있을 수도 있다. 이런 일은 누구에게나 생길 수 있다.

이 점을 고려하고 기존의 전략에 '실행하지 않는 것' 역시 포함해야 한다. 이때 중요한 것은 이 행동은 실패가 아님을 인식하고, 언제든 의도하지 않았던 일이 발생할 가능성이 있음을 이해하는 것이다. 그저 생각한 대로 이루어지지 않은 것일 뿐이다. 잘못된 결과에 대처하려면 안전지대로 대피하지 않고, 다른 방법을 시도하면 된다.

만약 행동으로 옮겼는데도 계속해서 마음이 불편하다면 어떻게 해야 할까? 그 행동을 멈췄을 때 치러야 하는 대가가 무엇인지 살펴본 뒤, 그 대가에서 벗어날 전략을 미리 파악해보자. 계획한 것보다 일찍 귀국할 수 있나? 직장을 관두려는 생각을 바꾸고 휴직을 신청할 수 있을까? 이사 온 곳이 싫어서 다시 이사하려면 비용이 얼마나 들까?

변화를 겪는 일은 고통스럽고 비용이 들 수 있지만, 모든 것을 제대로 자리 잡도록 하는 데 도움을 주므로 이를 두려워하지 말아야 한다.

그다음에는 결정을 바꾼 데 대한 대가를 치를 수 있는지 자문해본다. 사실 영원한 결정이란 존재하지 않는다. 중요한 것은 무언가를 실행하지 않거나 계획을 바꾸는 것 역시 하나의 선택사항이라는 점이다. 그러면 이 장에서 말하는 것처럼 행동의 여파를 걱정하지 않고 한층 더 신속한 결정을 내릴 수 있다.

이 시점에서 어느 정도 목록을 만들어야 한다. 무엇을 취소하는 데 드는 비용을 예상하고, 그 일 때문에 얼마나 차질이 생기는지 파악한다. 이 과정을 두려워하지 말자. 완벽이 존재하지 않는 것처럼, 영원히 바뀌지 않는 결정 같은 것은 없다. 오로지 노력과 행동을 멈추거나 변화에 들어가는 비용만 있을 뿐이다. 성급한 결정이라고 해도 출발점으로 되돌아가기까지 그리 많은 것을 포기하지 않아도 되거나 정리하는 데 별로 힘이 들지 않을 수도 있다. 그러다 보면 앞으로도 무언가에 대한 결정을 내릴 때 두려움이 줄어든다.

중간에 결정을 바꾸거나 취소하는 일을 부끄러워할 필요도 없다. 이는 부끄러운 일이 아니다. 실패가 아니기 때문이다. 세계적인 회사 구글조차 수년 동안 새로운 프로그램과 제품을 내놓았다가 철수하기를 반복했다. 구글 웨이브 Google Wave, 사이드 위키 Side Wiki, 자이쿠 Jaiku를 기억하는가? '그렇다'라고 대답할 사람은 무척 드물 것이다.

이런 프로그램을 중단하는 것은 개발자에게는 뼈아픈 일이겠지만, 그가 무능력하다거나 프로그램들이 애초에 잘못 생겨났다는 뜻은 아니다. 그저 그 특정 체계에서 잘 작용하지 않을 뿐이다. 그리고 이 같은 실패 중 어느 것도 구글의 심장에 치명타를 가하지는 못했다.

'경솔하다'라는 말에는 일을 미숙하게 하고 새로운 행동에 참여할 준비가 완전히 되지 않은 상태에서 시도한다는 뜻이 있다. 우리는 훈련, 준비 혹은 자각이 제대로 되지 않은 상태에서 경솔하게 행동해 계획이 한 번에 와르르 무너질까 봐 두려워한다. 그러나 그런 위험에서 벗어나는 일은 가능하며, 가끔 정체를 경험할 때 이런 행동으로 좀 더 자연스럽게 자기 자신을 밀어붙일 수 있다. 개인의 진취성에 따라 구명조끼를 완전히 다 채우지 않은 상태에서 깊은 웅덩이로 뛰어들 수도 있다는 것을 명심하자.

변화는 당신이 위험하고 불안하다고
생각하는 것들에서 시작된다.

제5장

익숙함을 버리고
불편함을 선택하라

Awake

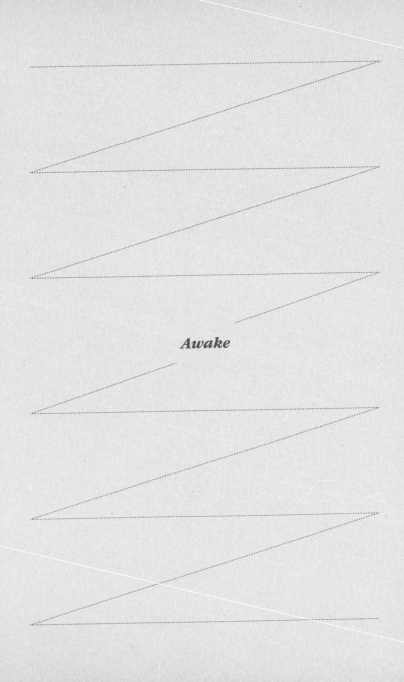

Awake

앞서 살펴본 것처럼, 안전지대에서 벗어나는 일은 본능적으로 불편하게 느껴진다. 그러나 비 오는 날 젖은 양말에도 차차 익숙해지는 것처럼 불편함도 연습으로 익숙해질 수 있다. 다이어트를 할 때 느끼는 극심한 배고픔이나 쓴 약을 먹는 일 역시 처음에는 참기 힘들지 모르지만 몇 번 거듭하다 보면 무뎌지고 익숙해진다. 이처럼 불편한 상황을 포용하는 습관을 들이면 좀 더 수월하게 안전지대를 벗어날 수 있다.

이 장에서는 인생에서 겪는 불편, 예측 불가능, 통제 불능의 상황에 더 잘 대응할 수 있는 전략에 집중하고자 한다. 이제 당신은 단지 무언가에 대해 잘 알지 못한다고 해서 지나치게 겁낼 필요가 없다는 점을 배우게 될 것이다. 걱정하지 말고 천천히 연습해보자. 수영장 물 온도에 익숙해지면 깊은 물속으로도 두려움 없이 들어갈 수 있다.

불편한 환경이 나를 성장시킨다

스토아 철학은 궁극적으로 평온한 마음을 추구한다. 조금 모순처럼 들리지만, 이 철학은 편안하고 안정감 있는 상태를 위해 금욕적이고 불편한 삶을 살아간다. 미래에 더 잘 대응하고자 자발적으로 불편을 추구하고 연습하는 것이다. 일상생활로 예를 들어보자면 헬스장에 가서 며칠 연속으로 가장 약한 근육만 단련하는 것과 같다.

그럼에도 스토아 철학이 궁극적으로 추구하는 것은 평안함이다. 이 학파의 철학자들은 역경과 마주했을 때 침착함을 유지하길 원하고, 인생에서 생기는 예상치 못한 일 앞에서도 내적 평화를 드러내고 싶어 한다.

그들은 편안한 삶 속에서 미리 힘든 상황을 준비한다. 무언가 엄청나게 잘못되기 전에 미리 단련하는 것이다. 평범한 사람이 하기 힘든 일을 해낼 수 있을 때까지 자신을 훈련하며 어떠한 상황에서도 침착함을 유지하려 한다.

그 이유를 살펴보면 어느 정도 일리가 있다. 우리가 미래를 두려워하는 것은 불확실하기 때문이다. 그런데 자신을 위험요인에 노출하면서 불편을 자각하는 과정을 거치면 그간 두려워했던 상황이 생각했던 것보다 아무것도 아니란 것을 깨닫게 될 수도 있고, 걱정했던 것보다 나쁘지 않다는 것을 느낄 수도 있다. 또한 불편은 그저 지나가는 의미 없는 장애물일 뿐이라는 점을 알게 될 수도 있다.

통제할 수 있는 요소가 있는 반* 안전지대에 자신을 놓고 새로운 일을 시도해보면 완전히 밖에 있을 때보다 두려움을 견디는 데 도움이 된다. 이 연습에 익숙해지면 불편해 보이는 상황에 직면했을 때 한층 패기만만해져 그 상황을 견디기가 좀 더 수월해지기도 한다.

세네카Seneca는 마르쿠스 아우렐리우스Marcus Aurelius, 에픽테토스Epictetus와 더불어 주요 스토아 철학자 중 한 사람이다. 그는 자신을 엄격하게 훈련하는 일종의 프로그램을 만들고, 스스로 익숙함과 편안함을 거부해야 한다고 주장했다. 세네카는 제자들에게 다음과 같이 말했다.

"기간을 정한 다음 그 시간 동안 가장 저렴한 가격의 거칠고 성긴 옷을 입으며 스스로 이렇게 말하라. '이것이 내가 두려워하던 상황인가?' 그다음 이 시기 동안 열악한 상황에 대한 면역력을 키우고 영혼을 단련해라. 부가 지닌 폭력에 대항하도록 자기 자신을 강화하는 것이다. 군인이라면 평화로운 날에 작전 행동을 취하고, 적이 보이지 않을 때 참호를 파고 노역을 하여 나중에 피할 수 없는 노역을 마주했을 때 감당할 수 있도록 하라. 위기가 찾아왔을 때 흔들리지 않으려면 위기가 오기 전에 단련해야 한다."

세네카의 가르침은 제자들이 불편함에 익숙해지도록 하는 데 목적이 있다. 이 가르침을 행동으로 옮기면 새로운 무언가를 시도했을 때 무슨 일이 생기든 당황하지 않을 수 있다는 것이다. 이미 훈련을 통해 그것을 견뎠으며 앞으로 일이 어떤 식으로 진행될 것인지 상당 부분 파악하고 있기 때문이다. 또한 이 훈련 방식은 자기 자신을 용기 있는 사람으로 만들어준다. 연습을 통해 불편함을 기꺼이 견딜 수 있는 용기를 가졌으니 미래에 어려운 상황을 마주했을 때 그 용기를 불러낼 수 있는 것이다. 두려움이란 미지에서 기인하므로, 자신을 거기에 노출하면 실제로 두려운 감정이 줄어든다.

스토아 철학의 추종자이자 청렴하고 윤리적인 방침을 행한 것으로 유명한 로마공화국 후기 상원의원 카토 Cato the Younger는 누구와도 비교할 수 없을 만큼 자발적으로 불편함을 연습했다. 거의 강박에 가까운 그의 평정심은 어릴 때부터 드러났다. 카토는 자신의 이러한 결심을 어지럽히거나 동요하게 할 일말의 기미라도 보이는 일은 하길 거부했고, 어른들이 그를 말리려 해도 굴하지 않았다.

카토는 형제인 카에피오 Caepio와 함께 늘 로마 시내를 돌아다녔다. 카에피오 역시 관용과 절제로 유명했지만, 카토와 비교했을 때는 꽤 호화로운 쪽이었다. 카에피오가 자신의 행실을 칭찬하는 마을 사람들에게 "카토와 비교해본다면 나는 사치로 유명한 도시 사람들과 거의 다를 바가 없다"라고 말했을 정도다. 카에피오가 그에게 향수를 사용해보라고 권할 때도 카토는 단호히 거절했다. 그는 아무리 하찮고 사소한 것이라고 해도 모든 편안함을 완강히 거부했다.

카토는 사람들이 자신을 비웃는 상황을 경험할 목적으로 일부러 이상한 옷을 걸치고 다녔다. 그는 추운 겨울에도 모자를 쓰지 않았고, 말을 타고 가는 사람들 사이에서 맨발로 걸어 다녔다. 부유했지만 가난한 사람처럼 값싼 빵만 먹었고, 몸이 아파 다른 사람의 도움이 필요할 때도 이를 거부하곤 했다.

그는 이러한 극도로 비참한 상황을 계속해서 추구하고 견뎠다. 한번은 대중목욕탕에서 한 남자와 부딪혀 다쳤는데 "부딪힌 것조차 기억이 나지 않는다"라며 사과를 거절하기도 했다. 그는 이 모든 경험을 자신의 철학적 관점을 알리는 데 활용했다.

이렇듯 카토는 부, 사회적 지위, 명성이 가져다주는 많은 안락함을 확고부동하게 거부하며 온몸으로 스토아 철학을 포용했다. 그는 인생의 대부분 영역에서 금욕을 실천했다.

현대 사회에서 카토의 엄격하고 거의 무無에 가까운 생활을 지속해서 해나갈 수 있는 사람은 거의 없다. 있다고 하더라도 실현성이 매우 낮다. 그가 평범한 사람이라면 따라 할 엄두도 못 낼 정도로 자신을 엄격하게 단련했기 때문이다. 하지만 그의 삶에서 우리가 실천으로 옮겨볼 것이 적어도 몇 가지는 있다. 먼저 그가 어떻게 안락한 삶을 거부하고 두려움을 줄여나갔는지 살펴보자.

만약 당신이 가난이 두려워 안전지대를 벗어나지 못하는 거라면, 가난한 상황에 부닥쳤을 때 자신이 할 행동을 이해하는 일은 카토가 내세운 철학과 같은 의미를 지닌다. 이는 자기 부정을 연습하라는 말이 아니다. 그저 결정을 내리고 행동을 취하는 과정에서 좀 더 수완이 좋아지도록 자신을 격려할 수 있다는 의미다. 결과를 쉽게 얻을 수 있는 문제에서부터 자제력을 연습하고 사소하게나마 일상에서 불편함을 견디는 연습을 반복하면 안전지대에서 벗어나는 힘을 한층 키울 수 있다. 카토 역시 스스로 극단까지 밀어붙인 것처럼 보이지만, 사실 그는 자신을 더 강하게 만들었을 뿐이다.

비싸고 호화로운 음식을 멀리하는 일은 쉽다. 그러나 당연하게 생각하는 일상 속 편안함을 누릴 수 없게 된다면 어떨까? 당장 시도해볼 수 있는 것 중에는 자가용 말고 대중교통을 이용하거나 걸어서 출퇴근하는 것 등이 있다. 한동안 쇼핑을 하지 않거나, 금욕 기간을 여러 가지 형태로 활용해보거나, 음주나 흡연 같은 안 좋은 습관을 버리는 것도 좋다.

현실에서 카토의 금욕 모델을 실천할 수 있는 몇 가지 방법을 소개한다.

◇ 한 달 동안 텔레비전 보지 않기
◇ 정해진 기간의 식비 예산을 미리 짠 다음, 25퍼센트 이상 줄이기
◇ 장시간 소셜 미디어에 접속하지 않기

◇ 날씨가 좋든 나쁘든 걸어서 이동하기

◇ 기본적인 위생과 격식 이상을 위해 겉모습에 투자하지 않기

◇ 한동안 메일이나 문자로 오는 모든 광고 차단하기

편의와 접근성의 시대라고 해도 과언이 아닌 지금, 이같은 방법은 생각보다 실천하기 힘들 수도 있다. 하지만 포기하고 싶을 때면 이런 행동의 목적이 무엇이고, 스토아 철학의 명제가 무엇인지 떠올리며 조금 더 견뎌보자. 이 훈련의 핵심은 의도적으로 쾌락을 멀리하며 편안함을 포기하는 것, 그래서 안전지대 외부에 대한 면역력을 키우는 것이다.

욕구에 지배되지 않는 방법

누구나 쉽게 자신의 욕구를 충족할 수 있는 현대 사회에서 카토의 윤리를 어떻게 이어갈지 생각해보면 참으로 흥미롭다. 실제로 우리는 모든 욕

망에 즉각적인 해결책을 찾을 수 없을 때 이해하기 어려워한다. 펑크 록 가수인 젤로 비아프라Jello Biafra는 이 같은 아이러니를 놓고 "행복은 이제 의무가 되어버렸다"라고 말하기도 했다.

카토는 욕구를 억누르는 삶을 추구했지만, 현대 사회에서 내적 충동을 다스리고 절제하는 삶을 살기란 쉽지 않다. 그러나 자제력을 키우면 훨씬 수월하게 욕구를 억제할 수 있다.

선종 승려인 수전 오코넬Susan O'Connell은 명상을 하는 도중 자리에서 일어나고 싶은 충동이 들 때 이를 억누르는 자신만의 방법을 밝혔다. 우선 이 욕구를 참는다. 또다시 일어나고 싶은 충동이 일 때도 참는다. 그리고 세 번째로 일어나고 싶은 충동이 들면 그때 일어난다. 충동, 불편함을 참으며 두 번째까지 앉아 있다가 세 번째에 마침내 일어나는 것이다. 이런 훌륭한 균형을 유지하면 안전지대에서 조금씩 벗어날 수 있을 뿐만 아니라 자제력을 기르는 데에도 도움이 된다.

이 방법을 일상에서 겪는 충동에 적용해보자. 갑자기

야식이 당긴다면 그 욕구를 인식하되 우선 아무것도 하지 않는다. 그 생각이 한 번 더 들어도 똑같이 참는다. 세 번째로 충동을 경험하고 인식한 뒤에는 뭔가를 먹는다. 이처럼 어떤 일이든 욕구를 느끼고 포기하기까지 적어도 두 번은 억제해보자.

운동을 하다가 20회에서 멈추고 싶다면 30회를 하고, 그런 다음 40회로 늘려보자. 그다음에 정말 힘들다면 그만둔다. 이 방법은 일상에서 경험할 수 있는 다른 충동들, 즉 쇼핑, 음주, 흡연, 식욕 등을 억제하고자 할 때도 사용할 수 있다.

오코넬이 말한 방법을 사용하면 나중에 신체적, 정신적 충동을 겪은 뒤에도 크게 동요하지 않을 정도로 인내심을 키울 수 있다. 소소한 것일지라도 계속해서 연습하다 보면 효과가 축적되기 때문이다.

불편함을 스스로 견디다 보면 욕구의 교활한 특성을 이해하고 역이용할 수 있을뿐더러 시간이 흐른 뒤에는 물리적인 욕망을 전혀 느끼지 못하게 될 수도 있다. 심지어 불편함에 너무 익숙해져서 안전지대의 경계를 조절해야 할

지도 모른다. 자제력을 기르기 위해 꾸준히 노력해보자. 당신에게는 그럴 만한 힘이 충분히 있다.

융통성이 필요하다

안전지대에서는 모든 것이 계획에 따라 움직인다. 그리고 그 계획은 우리를 안심시킨다. 어떤 상황에서 무슨 일이 일어날지 예측할 수 있다면 걱정을 줄일 수 있기 때문이다.

그런데 계획이 갑자기 틀어져버린다면 어떨까? 생각지 못한 외부 요인이나 방해물 탓에 신중하게 준비한 모든 것이 전혀 쓸모가 없어지고 계획이 아무런 도움이 되지 않는다면?

이런 상황에서는 융통성을 가지고 순간의 즉흥성에 반응하는 것 말고는 방법이 없다. A 계획이 도중에 실패했다면 거의 쓰지 않는 B 계획과 C 계획을 시행할 것을 고려하고, 더 어설픈 D 계획까지 염두에 두어야 한다. 이들은 원래 의도한 것보다 안전지대에서 더 멀리 벗어나게 하는 계획이다.

기존의 계획에 전적으로 매달리는 것이 늘 최선은 아니다. 너무 융통성 없이 행동하면 갑자기 나타나는 기회를 보지 못할 가능성이 매우 크기 때문이다. 또한 계획이 무너진 데 대한 좌절감을 달래느라 현재에 충실하지 못하게 되기도 한다.

융통성을 가지면 갑작스럽게 벌어진 일에 대비할 수 있다. 유연한 생각은 틀에 박힌 일정과 행동에서 벗어나게 해주고, 안전지대 밖에서만 찾을 수 있는 새로운 생각과 경험을 포용하는 데 도움을 주기 때문이다. 즉흥성을 편안하게 느낄수록 안전지대를 벗어나는 데 필요한 근육이 더 늘어나게 된다.

융통성이 생기면 선택의 범위가 한층 넓어진다. 융통성을 가진다는 것은 기존과 다른 관점에서 보고, 다양성을 인정하고, 실수를 통해 기회를 잡는다는 의미이기 때문이다. 우리를 둘러싼 환경은 끊임없이 바뀌기 때문에 유동적인 태도를 지니면 더욱 다양한 타인의 선호에 부응할 수 있다. 그러면 한층 더 많은 기회와 좋은 인연을 얻게 된다. 우울감과 불안이 줄어드는 것은 말할 것도 없다.

융통성을 방금 이야기했던 욕구를 참는 것의 반대 개념이라고 생각해보자. 이는 사실 가장 쉬운 방법이기도 하다. 노인들이 하는 말처럼 '순리를 따르는 것'이라고 생각하면 된다. 순리를 따른다는 것은 주어진 상황이 자연스럽게 흘러가는 대로 두는 걸 말하며, 상황을 받아들이는 가장 쉬운 방법이다.

융통성이 없으면 실제로 저항성이 커져 움직일 때마다 문제에 부딪히게 된다. 주위 사람들과 타협하길 거부하면 시시각각으로 뒤바뀌는 상황에 대처할 수 없기 때문이다. 그러면 모든 상황에서 갈등을 겪게 되기에 다른 사람의 도움 없이 혼자 성장해야 한다. 당신이 사업가라면 생산적이지 못한 완고한 지도자로 인식될 수도 있다. 남들에게 고집쟁이로 낙인찍히고 나면 자신의 비전을 다른 사람과 공유하는 일에도 어려움을 겪는다.

융통성을 가지면 자신을 더 좋은 곳으로 데려가 줄 흐름이 어떤 모습인지 파악할 수 있다. 그 과정에서 모든 흐름이나 세부사항이 이해되지 않을 수도 있지만, 그 흐름에 몸을 맡기면 새로운 곳을 탐험할 수 있다. 이는 어렵지 않다. 그저 강에 뛰어들기만 하면 된다.

이때 선입견과 기대를 없애는 일은 융통성을 기르는 데 큰 부분을 차지한다. 위대한 무술가인 이소룡은 이런 말을 남겼다.

"마음을 비워라. 물처럼 형태도 모양도 없는 사람이 돼라. 물을 컵에 담으면 물이 컵이 된다. 물을 병에 담으면 물이 병이 된다. 물을 찻주전자에 넣으면 물이 곧 찻주전자가 된다. 물은 계속해서 흐르거나 부딪친다. 그러니 친구여, 물이 돼라."

이어지는 글에서는 일상의 관계와 상황에서 새로운 태도로 융통성을 적용하는 여러 방법을 소개하려 한다. 자신이 그동안 지나치게 꽉 막힌 사고방식으로 생활하고 있었던 것은 아닌지 잘 살펴보고, 방법에 따라 생각과 행동을 바꾸는 연습을 해보자.

다양한 의견을 포용한다

융통성이 없는 이유 중 하나는 '~한 것은 틀렸기 때문에 피해야 한다'라는 믿음이 생활 속 깊이 침투해 있기 때문이다. "저 집단의 사람들은 문제가 많으니 멀리해야 해"라거나 "저런 식으로 사고하면 안 돼. 관심도 주지 말자"라는 믿음이 대표적이다.

안전지대에서 벗어나고 싶다면 이런 식의 접근 방법은 곤란하다. 세상에는 분류할 수 없을 정도로 다채로운 사람들이 있다는 것을 받아들이고, 그들의 다양한 의견 중 어느 것을 자신에게 도움이 되는 쪽으로 수용할지를 생각해야 한다. 다른 사람의 고민이나 생각을 들으며 다양한 관점에 귀 기울여보는 것이다. 지나치게 전통적이거나 그냥 부정확한 신조라는 이유로 특정 요소를 마주해볼 생각조차 하지 않는 행위는 인생을 제대로 살아가는 방법이 아니다.

자신이 '틀렸다'라고 믿는 것을 속으로만 생각하지 말고 공개적으로 밝혀라. 물론 범죄, 학대, 불법 행위 등 보편적인 이야기를 하라는 것이 아니다. 한 번도 진지하게 생각해본 적이 없던 것이나 그동안 따르길 거부했던 관점, 전통, 문제 등을 의미한다. 그다음 종교·정치·사회 등 다른 잣대에서 자신의 세계관 밖에 있는 사람과 의견을 나누고, 자신의 범주에 속하지 않는 모든 사람과 사물로부터 배우는 시간을 가지자. 그런 이들을 찾기는 어렵지 않다. 아마 당신이 생각한 것보다 가까이에 있을 것이다.

습관적으로 거절하지 않는다

어떤 사람들은 '싫다'고 말하는 것을 즐기며 심지어 이를 자랑스러워한다. 물론 거절은 강력하고 단호한 표현으로, 자신의 의견을 드러낼 수 있는 가장 쉽고 정확한 수단이다. 그러나 습관적으로 '싫다'고 말하는 것은 성장하는 데 좋은 전술이 아니다.

무언가 새로운 행동을 할 기회가 생겼을 때 그것을 하지 않을 이유 스무 가지를 궁리하는 대신, 그것을 해야 하는 다섯 가지 이유를 생각해보자. 우리 주변에는 운동을 시작하거나 어려운 책을 읽거나 새로운 요리를 맛보는 등 새로운 생각이나 행동이 관여되는 활동을 하지 못하게 하는 요소가 많다. 그중 상당수는 비슷비슷해 보이는 핑계들이다.

무언가를 하기에 앞서 "시간이 없어", "해야 할 일이 너무 많아", "거리가 너무 멀어"라고 말하며 거부해본 적이 있지 않은가? 이런 핑계는 실제로 모든 예에서 드러난다. 그러나 무언가에 대해 '좋다'고 말할 다섯 가지 이유를 생각하면 그것만으로도 모든 활동을 열린 마음으로 포용할 수 있다.

습관적으로 거절하기 전에 더 큰 그림을 마음속에 그려보자. 우리가 하는 거절 중 일부는 오만한 상태에서 진지한 생각 없이 그냥 튀어나오는 것들이다. 무작정 거절하기보다는 거절하려고 하는 부분에 대해 더 큰 맥락에서 생각해보라.

친구와 나가 놀 기분이 아니지만, 친구 관계를 계속 유지하고 인맥을 쌓고 싶지 않은가? 이해하기 어려운 미술 전시회에 가는 일이 썩 내키지는 않지만, 예술에 조예가 깊은 사람이 되고 싶지 않은가? 자녀의 학예발표회 자리에 내내 앉아 있기에는 밀린 업무가 너무 많지만 아이의 활동을 응원해주는 부모가 되고 싶지 않은가?

그전까지 반사적으로 '싫다'고 말한 것에 '좋다'고 대답하면 흥미를 넓히고 안전지대 밖으로 나갈 수 있는 훌륭한 수단을 얻게 된다. 덧붙이자면, '좋다'고 말하면 기분도 더 좋아진다.

일상에 사소한 변화를 준다

일반적으로 나는 소파에 앉거나 드러누워 글을 쓴다. 그래야 잘 써지기 때문이다. 나에게는 이 방식이 꽤 생산적이다. 그러나 가끔은 노트북을 들고 동네 커피숍에 가서 글을 쓰기도 한다. 집에 있을 때와는 관점이 달라지기 때문이다. 아주 몇몇일지라도 지나가는 사람들을 관찰하다 보면 새로운 생각을 얻을 수 있다.

이는 단순히 일상에서 벗어난 휴식이 아니라 나 자신을 위한 융통성 훈련이다. 사람들은 어떠한 상황과 환경에 있어야만 일을 잘 수행할 수 있다고 믿으며, 똑같은 장소에서 똑같은 방식으로 특정한 행동을 하는 경향이 있다. 하지만 그 방식이 늘 효과적이지는 않다. 일과 일상이 판에 박히면 과도하게 익숙해질 우려가 있고, 그러면 일의 효율과 효용이 줄어든다.

늘 하던 행동을 새로운 환경에서 해보면 곧바로 판에 박힌 일상적 관점을 바꿀 수 있다. 날마다 같은 코스로 조 깅을 한다면 내일은 잘 가지 않는 길로 우회해서 달려보 자. 직장인이라면 동료들과 상의하여 날마다 다른 자리에 앉아본다. 퇴근길에는 늘 듣는 라디오 채널이 아닌 다른 채널을 틀어보고, 휴일에는 아이들을 데리고 한 번도 가 보지 않았던 옆 동네 공원으로 가보자.

일상에 조금이라도 변화를 주면 새로운 시각이 열리고, 동시에 조금씩 안전지대에서 벗어날 수 있다.

임의대로 결정한다

스토아 철학자 카토를 기억하는가? 카토와 관련된 일화는 더 있다. 카토는 재미 삼아 내기를 즐겼는데, 실제로 어느 정도까지 진행되었는지는 확인할 수 없지만 그가 내기에서 지면 이긴 사람이 그의 저녁 메뉴를 고를 수 있었다고 한다. 이긴 사람이 카토에게 "괜찮으니 원하는 음식을 드세요"라고 해도 그는 "이는 모두 신의 결정입니다"라고 대꾸하며 상대가 말하는 대로 무조건 따랐다는 것이다.

이처럼 카토는 결정에 대한 주도권을 포기하고 그것을 다른 사람에게 넘겨주었다. 상대가 어떤 선택을 하든지 그건 하느님의 뜻에 따른 결실이라고 여기며 말이다.

'임의'는 제대로 된 무엇이라거나 긍정적인 특성으로 여겨지지 않는다. 우리 대부분은 실제 상황에서 임의를 피하려고 한다. 그러나 임의는 우리가 생각하는 것보다 훨씬 더 성장하는 데 효과적이고 유용하다.

나 역시 마음을 정하지 못하는 상황에 부닥쳤을 때 임의로 결정을 내린다. 예를 들어, 어느 날 영화를 보려는데 서너 편의 영화 중 어떤 것을 볼지 결정하기 어려웠다. 그러다가 제비뽑기 방법을 통해 몇 초 안에 결정을 내렸다.

이처럼 임의는 의사결정 과정에서 더 신속하게 마음을 정할 수 있는 좋은 방법이다. 수많은 요인을 과도하게 분석하는 일을 피하게 해주기 때문이다. 제비뽑기나 사다리 타기, 동전이나 주사위 던지기 등을 결정이 필요한 순간에 사용해보자. 당신이 현재 어떤 음료수를 사야 할지, 노래방에서 어떤 노래를 부를지, 혹은 어떤 색으로 머리를 염색할지 결정하지 못하고 있다면 이를 운명에 맡기는 것도 삶을 풍성하게 하는 좋은 방법이다.

이 장에서 다루는 원칙과 접근 방식은 매우 실용적이어서 안전지대의 벽을 제대로 가격하는 방법이다. 불편함을 추구하는 것 말고 평온함에 대적하는 더 나은 방법은 많지 않다. 불편을 연습하는 일은 대담하게 자신의 신경을 건드리고 안정적인 환경에서 배양된 휴지 상태를 깨는 노력이다. 이 훈련을 잘 마쳤다면 안전지대에서 벗어나는 데 필요한 힘을 이미 상당히 얻은 것과 같다. 안전지대에 머무르려는 습관이 자연스럽게 떨어져나갈 때까지 반복해서 연습해보자.

불편함에 익숙해져라.
그것만이 삶의 불확실성에
대처하는 유일한 방법이다.

제6장

또 다른 나로
새롭게 태어나라

Awake

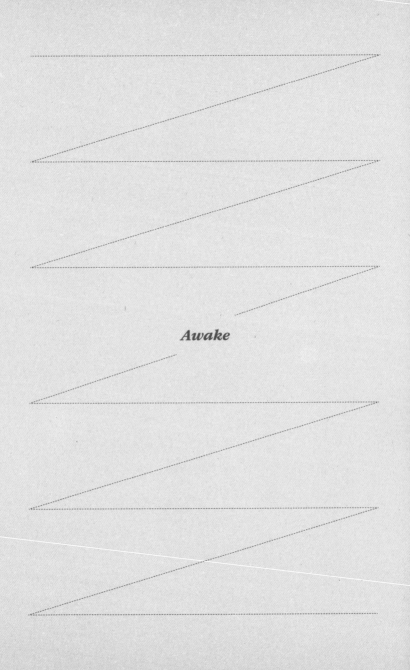

Awake

핼러윈 축제를 즐기기 위해 가면을 써본 적이 있는가? 어쩌면 그날 당신을 만난 사람들은 가면 뒤에 당신의 얼굴이 있다는 것을 알고 있었는지도 모른다. 그러나 솔직히 대답해보자. 가면을 썼을 때 어쩐지 평소에는 갖지 못한 힘을 얻은 것 같지 않던가?

옳고 그름의 문제를 떠나 가면을 쓰면 자신이 한 행동이나 말에 대한 책임을 느끼지 않게 된다. 나중에 다른 사람이 당신의 행동을 지적할 때 그 역할에 탓을 돌릴 수 있기 때문이다. "그건 내가 아니었어! 「캐리비안의 해적」에 나오는 잭 스패로 선장이었다고!", "내가 스낵을 다 먹은 게 아니야. 그건 곰돌이 푸였지! 그가 다 먹어 치웠어!"라며 말이다.

변장을 하고 역할 놀이를 할 때는 누구나 자연스럽게 그 캐릭터의 특성과 버릇을 따르게 된다. 이런 행위는 생각보다 아주 쉽게 이루어진다. 안전지대를 벗어나는 좋은 방법 중 하나는 또 다른 자아를 생성하여 이 자아가 가진 놀라운 힘과 통제력을 느껴보는 것이다.

다시 한번 핼러윈 축제 동안 가면을 쓰고 평소와는 다르게 한층 대담하고 권력을 가진 듯했던 느낌을 떠올려보자. 그런 감정을 일상에도 적용할 수 있다면 삶이 얼마나 근사해질까?

가면을 쓰면 자유로워진다

오늘날 소셜 미디어와 온라인 세상에서는 익명성의 용감함이 가장 잘 드러난다. 우리는 인터넷 속 허구의 이름 뒤에 숨었을 때 실제 세상에서 지닌 고유한 정체성의 제약에서 벗어날 수 있다. 익명을 사용하는 이들은 마치 복화술사가 무릎에 놓아둔 인형을 통해 메시지를 전하듯 평소 자신과는 다른 목소리로 이야기한다. 어쩌면 현실 세계에서라면 결코 하지 않았을 말을 할 수도 있다. 과학자들은 이것을 '온라인 탈억제 효과online disinhibition effect'라고 부른다.

이는 악성 댓글 등 사이버 폭력이 왜 그렇게 널리 퍼졌는지에 대한 설명이기도 하다. 이 장에서 이야기하는 내용은 인터넷이나 그 외 어떤 곳에서 누군가에게 폭력을 일삼도록 권하는 것이 아니라는 점을 분명하게 밝힌다.

이용자 참여 플랫폼인 '라이브파이어 Livefyre'에서 최근 실시한 조사 결과는 온라인 탈억제 효과를 더욱 확실히 뒷받침해준다. 주요 인터넷 업체에 사용자 콘텐츠를 제공하는 이 회사는 인터넷 사용자 1300명에게 인터넷상에서 익명으로 글을 남긴 적이 있는지와 그 이유를 물었다.

대다수가 인터넷에 적은 자신의 의견이 현실 세계의 생활환경에 영향을 미치는 것을 원하지 않기 때문에 실명보다 익명을 사용했다고 대답했다. 또한 익명을 사용한 데는 자신의 이름보다는 올린 글의 내용, 즉 자신이 한 말이 주목받길 원해서라고 밝혔다. 게다가 응답자의 약 80퍼센트가 온라인 사이트가 실명으로 로그인을 하도록 강제한다면 절대 글을 쓰지 않을 거라고 응답했다. 이 결과를 살펴보면 익명성은 대부분의 인터넷 사용자에게 필요한 요소임을 알 수 있다.

휴스턴 대학교의 아서 산타나Arthur Santana 정보통신학과 교수는 이민자에 관한 기사에 달린 댓글 900개를 무작위로 선별해 분석했다. 그중 절반은 《로스앤젤레스 타임스Los Angeles Times》와 《휴스턴 크로니클Houston Chronicle》처럼 익명으로 글을 남길 수 있는 기사에 달린 댓글이었다. 나머지 절반은 《USA 투데이USA Today》와 《월 스트리트 저널Wall Street Journal》을 포함해 실명으로만 댓글을 달 수 있는 사이트에서 나온 것이었다. 산타나 교수는 익명성이 댓글의 본질에 엄청난 영향을 미친다는 점을 발견했다. 익명 댓글의 53퍼센트가 무례한 반면 실명으로 댓글을 단 사람 중 그 비율은 29퍼센트에 그쳤기 때문이다. 산타나 교수

는 온라인의 익명성과 악성 댓글 사이의 연관성은 의심할
여지도 없다고 결론지었다.

물론 좋은 쪽으로 활용해야 하지만, 이처럼 또 다른 자
아를 생성하면 안전지대를 벗어날 때의 두려움을 없애는
데 도움이 된다. 또 다른 자아는 성격의 숨은 측면으로, 자
신의 신념을 극대화한 모습이거나 완전히 다른 모습을 뜻
한다. 이 자아의 주요 역할은 현실 세상에 존재하는 위협
에 면역이 생기게 하고 스스로 더 많은 자유를 누리게 하
는 것이다.

예를 들어, 당신이 자동차 정비를 하는 육체노동자라고
해보자. 근육질이고 겉모습이 좀 거칠어 보이며 터프가이
기질도 있다고 치자. 그런데 당신은 디즈니 영화인 「인어
공주」를 좋아한다. 어릴 때 그 영화를 보고 홀딱 반했다.
영화 속 노래는 물론 등장인물 모두를 사랑하며, 특히 에
리얼 공주에게 완전히 빠졌다. 그녀를 생각하면 자동으로
눈물이 맺힐 지경이다.

정비공으로 일하는 일상의 자아는 동료들에게 이런 부
분까지 보여주지 않는다. 군이 자신이 「인어공주」의 광팬

이라는 점을 드러내 보이고 싶지 않기 때문이다. 대신 인터넷에서 '에리얼182'라는 아이디로 디즈니 영화 극성팬으로 활동하며 당신의 팬심을 이해할 '랜선 친구들'과 동지애를 느끼곤 한다.

이는 거짓말과는 다르다. 단순히 신분을 가린 것뿐이기 때문이다. 덕분에 꽤 남성미 넘치는 직장 동료들은 당신의 이런 점을 눈치채지 못한다. 어쩌면 그들 중 한 명이 알고 보면 「미녀와 야수」나 「라푼젤」의 팬일지도 모르지만 말이다.

이처럼 또 다른 자아를 제대로 활용하면 안전지대를 벗어나는 문을 향해 점점 더 다가갈 수 있다. 그 과정이 무척이나 즐거울 것 같지 않은가?

두 번째 자아를 형성하라

'또 다른 자아'란 정확히 무엇을 뜻할까? 이 책에서 말하는 또 다른 자아는 더 나은 모습으로 살아가기 위해 만드는 두 번째 자아라고 정의할 수 있다.

만화책 『배트맨』에서 등장하는 브루스 웨인은 수백만 달러의 사업을 운영하는 사업가이다. 『스파이더맨』 만화의 피터 파커는 《데일리 버글 Daily Bugle》이라는 신문사에서 사진사로 일한다. 그러나 그들이 사는 도시에 위기가 닥치고 당국 관계자들이 문제를 해결할 수 없을 때 그들은 배트맨과 스파이더맨이라는 또 다른 자아로 변신한다. 악을 물리치는 과정에서 기물을 파손하곤 하지만, 아무튼 멋지게 도시를 살려낸다.

많은 팝 아티스트 역시 또 다른 자아를 만들어낸다. 무대에 오를 때는 일상보다 훨씬 과장된 자아를 끌어내는 것이다. 영국의 유명한 공연가 데이비드 보위 David Bowie는 한동안 마음대로 인격을 바꿨다. 그중 가장 잘 알려진 것이 지기 스타더스트 Ziggy Stardust다. 지기는 우주의 메시지를 전달하는 인간 모습의 외계인이다. 이 자아는 보위가 기존의 자아에서 벗어나 대중에게 두려움 없는 영웅적인 성격을 보여줄 수 있게 해주었다.

미국의 가수이자 작곡가인 비욘세 놀스 Beyonce Knowles는 또 다른 자아인 사샤 피어스^{Sasha Fierce}를 창조해냈다. 이 캐릭터는 유쾌하고 관능적이며 화려하고 적극적이다. 이 캐릭터의 모든 특성은 비욘세의 「싱글 레이디^{Single Ladies}」라는 곡에 고스란히 드러났다. 비욘세의 또 다른 자아인 사샤는 그녀의 일상적 이미지로는 효과적으로 전달할 수 없는 부분을 대변한다.

이처럼 또 다른 자아는 자신이 갖고 싶은 특성을 총망라하고 본연의 모습으로 할 수 없는 것들을 시도하는 데 필요한 자격을 준다. 이 자아는 스스로 하고 싶은 것을 묻고, 같은 질문에 대해 일상의 자아와는 다른 대답을 얻게 해준다.

그렇다면 안전지대를 벗어나기 위해 또 다른 자아를 어떻게 활용할 수 있을까?

가면을 쓰고 본연의 모습에서 벗어나면 좀 더 자연스럽게 행동할 수 있다. 두려움과 우려를 비롯해 자신에 대한 모든 의식을 잃기 때문이다.

또 다른 자아는 현재의 모습과 미래에 되고자 하는 모습 사이의 간극에 다리를 놓아준다. 일상적인 장소에서 비치는 틀에 박힌 모습에서 벗어나 자신이 원하는 다른 사람으로 활동하게 해주는 것이다. 또 다른 자아를 만들고 그 자아가 되는 과정은 실제로 삶을 개선할 단서를 제공해준다. 또 그 자아는 스스로 이런 질문을 던지게 해준다. "두려움이 없는 나의 또 다른 자아는 무엇을 할까?" 이 질문은 "용기를 가져야 하지만, 여전히 두렵다. 이를 극복하려면 내가 무엇을 해야 할까?"에 대답하는 것보다 더 효과적이고 생산적이다.

앞서 언급했듯 또 다른 자아를 가지는 일은 안전지대를 벗어나는 힘을 얻는 것과 같다. 자신과 다른 캐릭터를 통해 용기를 가지고 문제와 자신을 분리할 기회를 얻게 되기 때문이다. 바로 이 순간이 안전지대에서 나와 새로운 시도를 해보기에 아주 좋은 때다.

당신은 이제 데이비드 보위가 지기 스타더스트를 통해 한 것처럼 두려움을 또 다른 자아에게 넘길 수 있다. 보위는 평소 자신과는 완전히 다른 차림을 한 또 다른 인물을 만들고, 자신의 앨범을 지기만이 선보일 수 있는 주제와 줄거리를 통해 완전히 새로운 드라마로 변모시켰다. 지기

를 통해 자신의 창의성과 잠재력을 최대한 드러내는 것이
그의 전략이었다.

좀 더 진지한 관점에서 보자면 또 다른 자아를 가지면
스스로에게서 거리를 둘 수 있고, 과거·현재·미래를 좀
더 잘 다룰 수 있게 된다. 또 다른 자아를 생각하면 원래
자신의 모습일 때보다 한층 더 나은 결정을 내릴 수 있게
되기 때문이다. 또 다른 자아를 통해 자기에 대한 객관성
을 가지면 더 큰 그림에 집중할 수 있고, 장기적인 목표를
한층 분명하게 만들 수 있다.

또한 미래에 또 다른 자아가 자신을 대신해 일하는 모
습을 그려봄으로써 좀 더 적극적으로 도전할 마음을 가질
수 있다. 기회를 포착하고, 장애물을 만나고, 실패에 대한
위험을 무릅쓰는 것은 자신이 아닌 또 다른 자아이기 때
문이다. 마침내 당신의 차례가 되었을 때도 또 다른 자아
의 존재 덕분에 문제를 좀 더 잘 다룰 수 있을 것이다.

새로운 자아가 기존의 자아에 미치는 영향

자기 자신의 모습일 때는 새로운 시도를 할 때마다 머릿속에서 작은 목소리가 투덜거리며 이런저런 조언을 한다. 이것이 프로이트가 설명한 에고다. 앞서 살펴본 것처럼 이 자아의 역할은 새로운 시도 앞에서 가장 이성적인 사람이 되는 것이다.

새로운 상황에 부닥쳤을 때 자아는 조금 초조해진다. 그래서 이렇게 외친다.

"뭘 하는 거야? 그만둬! 얼간이처럼 보이면 어쩌려고? 다들 어떻게 생각할까? 모두가 비웃는다면? 네가 뭐라도 된다고 생각하는 거니? 넌 이 일을 할 만큼 용기 있거나 영리하거나 강인하지 않잖아! 그냥 집에 가서 「인어공주」나 다시 봐!"

그때 또 다른 자아가 나타나 실제 자아의 칭얼거림을 막고 우리를 안전지대 밖으로 이끈다. 실제 자아가 두려워하는 곳은 또 다른 자아가 가고 싶어 안달하는 곳이다. 또 다른 자아는 안전지대 밖을 가리키며 이렇게 말한다.

"이것 봐! 정말 근사한데? 신나 보여! 당장 시작하자!"

그러면 실제 자아는 이렇게 말한다.

"하지만 남들이 뭐라고 하겠어? 난 놀림거리가 되고 말 거야!"

여기에 또 다른 자아가 대답한다.

"아, 남의 시선은 무시해. 남 욕 말고는 할 일이 없는 사람들은 그렇게 살라고 내버려 둬. 누구나 멋대로 생각할 자유는 있으니까. 하지만 그건 우리 방식이 아니야. 그들이 뭐라고 하든, 나와는 전혀 상관 없어."

마침내 실제 자아가 소리를 지른다.

"하지만 실패하면 어떡해?"

그러면 또 다른 자아가 대답한다.

"시도해봐야지. 물론 실패할 수도 있어. 하지만 성공할 수도 있는걸. 시도하지 않으면 아무것도 얻을 수 없을 거야. 늦었으니 난 이만 실례할게."

이제 당신이 새로운 일을 시작했지만, 익숙하지 않아서 스스로 자격이 부족하다고 느낀다고 가정해보자. 실제 자아는 무서워서 벌벌 떤다.

"이것 봐! 난 아직 준비가 안 됐어! 남들이 내게 기대하는 일을 다 할 수 없어!"

이때 또 다른 자아는 이렇게 말한다.

"정말 재미있다! 더 적극적으로 해보고 싶어! 난 누구나 깜짝 놀랄 만큼 끝내주게 해낼 거야. 너무 흥미로워서 지루할 시간도 없겠지!"

이때 실제 자아의 반응은 이렇다.

"아니야! 모두 실망하고 말 거야! 나에겐 이 일을 해낼 만한 능력이 없어! 그들은 나보다 더 경험과 지식이 풍부한 다른 사람을 원하게 될 거라고!"

이에 또 다른 자아가 대꾸한다.

"그럴 수도 있겠지. 그래도 지금 그들은 나를 바라보고 있어! 조금 있으면 나의 놀라운 가능성을 보고 홀딱 반하게 될 거야."

실제 자아가 반박한다.

"일을 잘 못하면 해고될 거고, 결국 난 파산할 거야! 난 못 하겠어!"

또 다른 자아가 달래준다.

"아니, 그러지 않아. 난 전혀 부족한 존재가 아니야. 난 뭐든 할 수 있어. 한 번에 여러 가지도, 심지어 그들의 일까지도 할 수 있어! 나는 지금 내게 벌어지고 있는 상황이 매우 흥미로워. 이건 유령의 집에 놀러 갈 기회고, 난 그 문을 두드린 거야!"

내적 대화를 통해 내린 실제 결론은 사람마다 다양할 것이다. 하지만 또 다른 자아의 관점에서 말하다 보면 안전지대에 있는 실제 자아를 객관적인 인격으로 다룰 수 있다. 또한 당신이 안전지대 밖에서 얻을 수 있는 것을 다시 한번 상기하고 또 다른 자아가 관여하게 할 수도 있다.

자신의 한계를 뛰어넘기 위한 다섯 가지 요건

이제 스스로 가면을 쓰거나 새로운 옷을 입어보기로 했다면 이 모습을 안전지대를 벗어나는 데 마음껏 활용해보자. 어떻게 하면 될까?

또 다른 자아를 원하는 이유를 살펴라

먼저 또 다른 자아를 발전시키는 원동력이 무엇이고, 이를 통해 얻고자 하는 바가 무엇인지 스스로 묻는다. 한층 외향적이고 자신만만하며 당당한 사람이 되고 싶은가? 아니면 뛰어들고 싶은 분야가 있는가? 혹은 단순히 더 많은 사람이 자신의 블로그 포스팅이나 유튜브 영상을 봐주길 바라는가?

그런 다음에는 이런 질문을 던져보자. "안전지대에서 벗어나는 데 또 다른 자아가 어떤 도움을 줄 수 있을까?"

또 다른 자아는 일종의 목표나 사명을 가져야 한다. 또 다른 자아를 형성할 때는 이를 통해 새로운 맥락에서 자신을 표현할 수 있어야 한다. 희망, 꿈, 두려움, 불안을 이 또 다른 자아에 투영하면 평범한 인간으로선 할 수 없는 능력까지 얻을 수 있다. 또 다른 자아는 규칙에 따라 살 필요가 없지만, 요점은 있어야 한다.

성격과 가치관을 구성하라

추구하는 목표를 얻기 위해서 또 다른 자아는 어떤 유형의 사람이어야 할까? 또 어떻게 사고하며 어떤 마음가짐을 지녀야 할까? 또 다른 자아의 사고나 행동을 구축하기 위해 어떤 모델을 활용할 것인가?

당신이 선택할 수 있는 것들은 무궁무진하다. 또 다른 자아에 언젠가 드러내고 싶었던 성격을 불어넣는 등 자신을 반영해 다양하게 활용할 수도 있다. 역으로, 자신의 다른 면을 이해하고자 완전히 정반대인 자아를 만들 수도 있다. 이처럼 우리가 찾고자 하는 답은 주로 또 다른 자아의 태도나 목소리에서 비롯되므로, 성격을 최대한 제대로 구성해야 한다.

또 다른 자아를 형성할 때는 망설임 없이 다섯 가지 긍정적인 형용사로 그 자아의 특징을 설명할 수 있어야 한다. 그것이 당신이 안전지대를 벗어나기 위해 얻고자 하는 특성이기 때문이다.

외향과 특징을 구체화한다

또 다른 자아의 효과는 이를 세상에 어떤 모습으로 드러내느냐에 달려 있다. 따라서 여기에도 이름과 외향이 필요하다. 다시 말하지만 이를 정하는 데에는 어떤 제약도 없다. 자신은 늘 티셔츠에 청바지 차림이지만 또 다른 자아는 화려한 재킷 차림에 반짝이는 선글라스를 쓰고 최신 패션으로 무장한 인물일 수도 있다. 아니면 검은 후드로 얼굴을 감춘 카리스마 있는 스타일일 수도 있다.

이제 또 다른 자아의 특성을 발전시키는 시간을 가져보자. 어떻게 걷나? 목소리는 어떤가? 머리 스타일은 어떤가? 표준어를 구사하나, 아니면 사투리를 쓰나? 또 다른 자아에 이 같은 세부 사항까지 구체화할수록 그 인격에 녹아들기가 더욱더 수월해진다.

다음에는 자신에게 중요하고 의미 있는 이름을 생각한다. 존경하는 사람, 영웅, 소설 혹은 역사 속 인물을 토대로 해도 된다. '위대한 피터'처럼 본명에 수식어를 달아서 만들거나 본명을 거꾸로 써도 된다. 이름을 지을 때 주의할 점은 즉석에서 지은 이름이라고 해도 그 이름에 설명이나 타당한 이유를 붙여야 한다는 것이다. 외모와 더불어 구체적인 사항을 더 많이 만들어낼수록 또 다른 자아의 실체가 더 강하게 느껴질 것이다.

변신의 상징을 정하라

또 다른 자아는 필요시 어떤 행동에 반응하거나 적용할 수 있어야 한다. 히어로 영화 속 캡틴 마블은 벼락을 맞고 슈퍼 히어로로 변신한다. 배트맨은 엄청나게 강한 플래시 세례를 맞으며 행동에 들어간다. 공연장에서 록 밴드가 무대에 오르면 사회자가 외친다. "최고를 원하나요? 최고가 여기 있습니다! 세상에서 제일 인기 있는 밴드, ○○입니다!"

이처럼 우리 역시 또 다른 자아의 도착을 알리는 노래나 자신을 고무할 수 있는 무언가를 만들어보자. 특정 문구를 생각하거나 길에 붉은 장미를 뿌리거나 카펫을 펼치거나 방울을 흔드는 등 뭐든 효과가 있는 것을 하면 된다.

이 단계를 거치는 것이 중요한 이유는 기분을 전환하고 또 다른 자아로 들어가게 해주는 가장 효과적인 수단이기 때문이다. 슬플 때 억지로 행복해지기로 하는 등 감정을 결정하기란 매우 어려운 일이지만, 이러한 의식이나 상징적인 행동은 생각을 바꾸고 또 다른 자아를 실행하는 데 도움을 준다.

또 다른 자아를 만든 이유를 명확히 한다

많은 사람이 그저 재미를 위해 역할 놀이나 코스프레를 즐긴다. 하지만 우리는 단순히 환상의 세계로 도피하기 위해 또 다른 자아를 만든 건 아니다. 또 다른 자아로 즐겁게 지내는 게 나쁜 건 아니지만, 이 자아를 만든 이유는 목표를 달성하기 위해 해결책을 찾고자 함임을 잊지 말아야 한다.

목표를 달성하는 과정에서 또 다른 자아를 통해 어떻게 행동할 것인지 자문하는 습관을 들이자. 이렇게 하면 자신이 이루고자 하는 것이 무엇인지 잊지 않을 수 있다. 그런 다음 그 방법대로 행동해보자. 실제 자아와의 거리를 두고 또 다른 자아가 주어진 상황에서 어떻게 행동할 것인지 스토리보드를 구성하는 것이다. 제임스 본드는 고압적인 상사와의 갈등을 어떻게 해결할까? 「반지의 제왕」의 골룸은 어떻게 청혼을 할까?

우리는 스스로 진짜 자아일 때 어떻게 행동할 것인지 알고 있다. 그래서 자신과 거리를 두는 것이 중요하다. 자신을 의식 밖에 두면 또 다른 자아가 한층 신속하고 냉철하게 그리고 더 용감하게 행동할 수 있도록 용기를 준다.

또 다른 자아의 용기를 얻으면 우리는 더는 자신에 대해 생각하지 않을 수 있다. 지금 우리는 숲속 요정, 우주비행사, 마릴린 먼로, 스파이더맨, 인크레더블 헐크로 변신해 있으니까 말이다.

안전지대를 벗어나 모험을 해보라.
그에 대한 보상은 충분히 가치 있을 것이다.

제7장

자신의 숨겨진
가능성을 찾아라

Awake

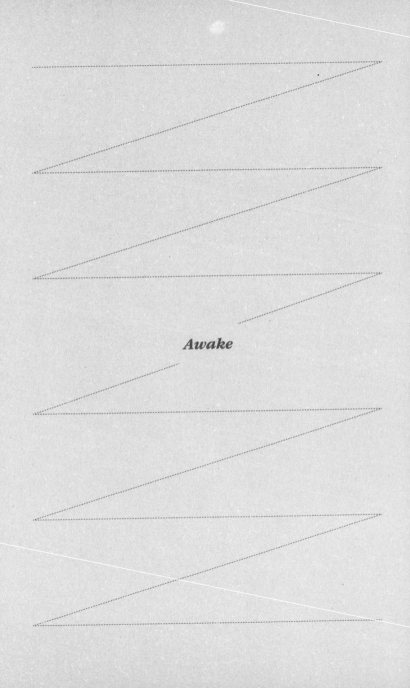

Awake

내가 지금 하려는 말 때문에 당신이 상처받는 일은 부디 없기를 바란다. 바로 모든 사람은 평범하다는 말이다.

무대나 텔레비전 화면에서 보는 연예인들은 어떤가? 그들도 평범하다. 경제 잡지나 신문 기사에 등장하는 억만장자들 역시 평범하다. 수백만 달러짜리 계약을 하고 브랜드를 홍보하는 운동선수들 또한 마찬가지다.

이 책을 읽는 당신 또한 평범하다. 아무것도 없는 상태에서 수익을 만들거나 우승을 차지하는, 특별한 천부적 재능을 가진 사람은 없다. 성공한 사람들은 그저 열심히 노력하고 반복적으로 기회를 찾아다니다 약간의 운을 만났을 뿐이다. 이런 말까지 하면 너무 맥이 빠질지 모르겠지만, 운 역시 열심히 움직여야 얻을 수 있는 것이지 누구도 아무 노력 없이 거머쥘 수는 없다. 성공한 사람들은 모두 행운을 얻기 위한 기본 토대를 열심히 다졌다.

성공한 사람들은 자신과 다르다고, 특별하게 태어났다고 생각하지 마라. 버몬트주에 사는 벤 Ben 과 제리 Jerry 는 아이스크림 만드는 법을 알려주는 5달러짜리 인터넷 강의를 들었다. 그다음 그들은 쇠퇴하고 버려진 정유소에 아이스크림 가게를 열었다. 조금씩 손님이 늘었고, 마침내 지역 슈퍼마켓에 제품을 입점하는 데 성공했다. 그들은 그 뒤에도 끊임없이 제품의 수준과 판매 수완을 높이고자 노력했다. 40년 뒤, 벤과 제리의 아이스크림은 미국에서 명실공히 가장 잘 알려진 아이스크림 브랜드가 되었다.

다시 한번 말하지만, 벤과 제리는 아이스크림 만드는 법을 5달러짜리 인터넷 강의를 통해 배웠다. 특별한 비결이 있었던 게 아니다. 심지어 벤은 미각, 후각조차 느끼지 못했다. 그럼에도 그들은 아이스크림계의 거물이 되었다.

이 이야기가 시사하는 바가 무엇일까? 바로 불가능하다고 증명될 때까지는 모든 것이 가능하다는 것이다. 특히 안전지대 밖에 관해서는 더욱 그렇다. 성공한 사람이라고 해서 날 때부터 특별했던 게 아니다. 그저 평범한 사람이 불가능하고 두려운 일에 날마다 도전한 뒤에 성공을 이룬 것뿐이다. 당신은 대체 뭘 망설이는가?

이런 생각은 안전지대에서 꽤 동떨어져 보인다. 이제 우리는 정말로 자신이 이룰 수 있는 것을 찾고 밀어붙여야 한다. 이때 중요한 것은 쉬운 목표가 아니라 불가능해 보이는 목표를 정하는 일이다. 그래야 이러한 노력을 할 수 있다.

스스로 불가능하다고 느껴지는 무언가가 있다면, 곧바로 그것을 가능하게 만들 방법을 생각해보자. 이때 왜 주눅이 들고 자신감이 없어지는지 이해하려는 마음가짐도 필요하다. 그래야 부족함이나 불안을 느끼게 하는 요인을 파악할 수 있다.

글쓰기를 예로 들어보자. 누군가가 자기 자신을 '작가'라고 소개할 때 당신이 작가를 굉장한 직업이라 여기는 사람이라면 눈이 휘둥그레질 것이다. 사실 많은 사람에게 작가라는 직업은 어쩐지 신비롭게 여겨진다. 디킨스 Dickens 나 헤밍웨이 Hemingway처럼 손끝으로 주옥같은 말을 탄생시키는 훌륭한 소설가의 이미지가 떠오르기도 한다.

솔직히 나 역시 작가라 하면 그런 이미지를 떠올렸고, 멋진 글을 쓰는 재능은 사실 어느정도 타고나야 한다고 생각했다. 그래서 나는 좋은 작가가 될 수 없으리라는 사실에 좌절했다. 확실히 내가 좋아하는 작가들은 나와는 달랐다. 주옥같은 글을 써내려 가는 건 그들에게 수도꼭지를 트는 일처럼 쉬워 보였다.

하지만 이윽고 뛰어난 작가들 역시 초기에는 나와 같은 감정을 느낀다는 점을 알게 되었다. 그들 역시 조사하고 글을 쓰는 데 어려움을 겪었다. 그 모든 노력에도 출판사로부터 원고 거절 편지를 받기도 하고, 스스로 뛰어난 작가가 될 수 없을 거라는 생각에 괴로워하기도 했다. 그들 중 누구도 타고난 작가가 아니었다. 단순히 열심히 노력하고 더 나은 작가가 되기 위해 필요한 것에 집중했을 뿐이다.

작가 지망생인 내 친구 몇 명을 예로 들어보자. 그들은 항상 자신들의 글쓰기 능력이 평균 이하라고 말했다. 어떤 이유에서인지 그들은 글쓰기에 관해서는 상당히 주눅 들어 있었다. 그러다 결국 각자 블로그를 시작하게 되었다. 한 명은 정신과 육체 건강에 관한 글을, 다른 한 명은 육아법에 대한 글을 올렸다.

친구들이 블로그를 하는 동안 나는 매일 블로그를 방문했고, 그들의 작문 실력이 얼마나 분명하고 지적이며 원고 구성이 탄탄한지 파악하고 놀랐다. 그들이 그렇게 쓰지 못할 것으로 생각해서가 아니라 그들이 내게 여러 차례 "나는 글쓰기 능력이 정말 부족해"라고 말했기 때문이다.

그들은 스스로 능력이 부족하다고 생각하며 능력을 기르기 위해 아무도 보지 않을 때 기술을 갈고닦았다. 그 덕에 지금은 웬만한 작가를 뛰어넘는 글쓰기 실력을 갖추게 되었다.

사람은 불안과 인지된 부적절성에 반응해 스스로 무언가를 할 수 없다고 말한다. 그러나 성취로 가는 길에는 그저 노력만이 필요하다. 누구에게도 특별한 비결은 존재하지 않는다. 성공한 사람은 그저 노력했을 뿐이다. 또한 그 모든 노력은 자기 자신에 대한 믿음을 강화하는 토대를 만들어준다. 노력을 들인 다음에야 비로소 자신에게 불가능이란 없다는 점을 깨닫게 되는 것이다.

나를 가로막는 건 나밖에 없다

지금 당장 펜과 종이를 꺼내 자신이 할 수 없는 것들의 목록을 작성해보자. 이때 '내가 아주 완벽히 잘하지는 못하는 것들'에 관한 목록이 아님을 명심하자. 지금 작성하는 것은 어떤 상황에서도 못 하는 것들에 관한 목록이다.

목록을 다 작성했다면 그중에서 한 가지를 골라 당장 시도해본다. 물론 이를 잘 해내기란 그렇게 간단한 일이 아닐 수도 있다. 하지만 당신은 불과 몇 분 전까지만 해도 절대 불가능하다고 생각한 것을 적어도 시도해보았다. 훌륭하게 해내지 못했기에 결국 멋진 경험이 아닐 수도 있고 어쩌면 절반만 시도했을 수도 있지만, 아무튼 하기는 했다.

그다음, 다시 한번 더 해보자. 자신이 생각한 것보다 훨씬 더 잘하지는 않았는가? 비록 능숙하게 하지 못했더라도 그걸 시도하는 일 자체는 그렇게 어려운 일이 아니지 않았는가? 마음만 먹으면 무엇이든 할 수 있다는 점을 깨달으면 더 대담하고 용감하고 뻔뻔해진다.

다시 목록을 살펴보자. 이번에는 자신이 적어두었던 것 밑에 반박하는 메시지를 쓰고, 큰 소리로 읽어본다. 아래의 예시를 참고해도 좋다.

> ◇ 나는 한 번도 운동을 잘한 적이 없다. 그러므로 5킬로미터 달리기를 완주할 수 없다.
>
> ➡ 아니, 달리기를 완주할 수 있다.
>
> ◇ 나는 미술에 소질이 없으니 그림을 그릴 수 없다.
>
> ➡ 아니, 그릴 수 있다.
>
> ◇ 나는 댄스 수업을 들을 수 없다. 팔과 다리가 함께 움직이는 몸치이기 때문이다.
>
> ➡ 아니, 극복할 수 있다.
>
> ◇ 나는 연설을 할 수 없다. 남 앞에서 진짜 말을 못하지 않나.

➡ 아니, 긴장해서 땀을 한가득 흘리긴 하겠지만, 그래도 해
낼 수 있다.

당신이 '할 수 없다'라고 쓴 모든 문장은 당신의 안전지
대에 무엇이 있는지를 말해준다. 이를 반박하는 일은 안
전지대에서 벗어나기 두려운 이유가 자신의 의구심 때문
이라는 점, 그리고 그것은 이성적이지 못하다는 점을 깨
닫는 데 도움이 된다. 그러면 그 자리가 조금은 덜 편안하
게 느껴진다.

또한 반박문을 쓰다 보면 스스로 너무 많은 것을 성취
하려 하는 데서 오는 스트레스를 줄일 수 있다. 이렇게 감
정적인 장애물을 하나씩 제거하다 보면 안전지대에서 한
층 수월하게 나올 수 있다. 또한 '모 아니면 도'라는 이분
법적인 사고를 없애고 자신감을 갖게 된다.

이 일이 어렵게 느껴진다면 처음에는 최대한 쉽게 해보
는 것도 좋다. 운동하러 헬스장에 가고 싶은데 용기가 안
난다면 먼저 집이나 직장 근처의 헬스장 목록을 만들어보
는 것이다.

사소한 단계처럼 보이겠지만 이는 매우 중요하다. 머릿속의 생각을 실용적인 방법으로 시작하고 스스로가 만든 장벽을 인식할 수 있기 때문이다. 그동안 두려움을 피해 안전지대에 머물렀던 일을 후회하거나 목표를 달성하고자 하는 과정을 통해 그동안 시도하지 못했던 일에 도전하게 될 수도 있다.

그러나 날마다 이렇게 할 수는 없다. 그러다가는 빨리 지치고, 결국 다시 안전지대로 돌아갈 확률이 높아지기 때문이다. 누구도 하루 24시간을 안전지대 밖에서 살 수는 없다. 간간이 한 번씩 안전지대로 되돌아가서 안정감을 회복해야 한다.

때때로 그저 휴식이 필요할 수도 있다. 제1장에서 살펴봤듯 안전지대를 벗어나는 일은 흥미롭지만 매우 지치는 일이다. 안전지대 밖을 지나치게 추구하다 보면 몸과 마음에 역효과를 줄 수 있다. 이때 중요한 것은 언제 집으로 돌아갈지를 아는 것이다. 신체적으로 지쳤다거나 피로가 쌓였다고 느꼈을 때는 자신의 보금자리를 찾고 쉴 수 있는 그곳으로 돌아가자. 안전지대 밖에 머물다 보면 안전지대 안에 있을 때 자신을 편안하게 해주는 관계 등을 더 감사하게 여기고 소중하게 대할 수 있다.

자신의 당근과 채찍을 파악하라

인간은 대개 쾌락을 추구하고 고통을 피하면서 동기를 얻는다. 보상과 처벌이라는 이 이분법은 흔히 '당근'과 '채찍'에 비유된다. 자신을 자극하는 당근과 채찍이 무엇인지 잘 아는 것은 목표를 향해가는 데 매우 중요한 일이다. 부정적이고 긍정적인 방식 모두에서 스스로 동기를 부여하는 진짜 요인을 알게 된다면, 불가능을 가능케 하고 두려움을 뒷전으로 밀어낼 수 있다.

당근, 즉 보상은 행동한 사람이 원하는 방식대로 제공되거나 약속되는 것을 뜻한다. 반면에 채찍은 정해진 방식대로 행동하지 않은 사람에게 주는 벌이다.

이처럼 '당근과 채찍'이란 긍정과 부정적 동기를 의미한다. 그런데 채찍, 즉 부정적 동기는 그리 잘 작용하지 않을뿐더러 채찍이 그 자리에 있는 동안만 효과가 있고 오래가지 못한다. 또한 잠재력을 강화하거나 능력을 발전시키도록 격려해주지 못한다. 채찍은 결국 처벌일 뿐, 확신이나 지지에서 오는 것이 아니기 때문이다.

따라서 채찍처럼 부정적인 존재를 강화하면 안전지대 밖에서 오래 머무는 데 그리 도움이 되지 않는다. 이때 동기가 생겨봤자 그저 채찍의 존재나 위협이 사라질 정도로만 행동하는 데 불과하다. 채찍의 존재가 사라지면 즉각적인 위협이 없어졌으니 안전지대로 곧장 돌아가려는 성향을 보인다.

또한 심리학적으로 채찍이 너무 많거나 잦으면 이에 보복하려는 행동이 나온다. 직장인의 경우 경영진에 대한 불만, 구제할 수 없을 만큼 떨어진 사기 등이 있다. 그 밖에도 잦은 채찍은 여러 가지 해로운 효과를 불러일으킨다. 따라서 불가능에 도전하는 데 활용할 지속적인 동기가 될 수 없다.

그러나 너무 많은 당근 또한 문제가 된다. 당근은 기대, 흥분, 가능성을 생성하지만 이를 과용하면 열심히 하려는 의욕이 줄어든다. 봉급 인상이나 승진 등의 보상을 열심히 하지 않아도 얻을 수 있다면 노력할 필요를 느끼지 못하기 때문이다.

이 무수한 당근이 우리 공간을 차지하면 우리는 말 그대로 완전하게 안전지대에 머물게 된다. 그저 그곳에 머물고 최소한만 성취해도 원하는 보상을 받을 수 있다는 것을 알기 때문이다. 그런 상황에서 우리는 '뭐하러 고생을 더 해?'라며 현 상태를 유지하려 한다.

당근과 채찍 중 무엇이 안전지대를 벗어나는 데 더 효과적으로 작용하는지는 개인에 따라 다르다. 당근과 채찍의 장단점을 살피고 우리를 궁극적으로 움직이게 하는 것이 무엇인지에 대해서 수많은 연구가 진행되었다.

네덜란드 네이메헌 돈더스 연구소의 하네케 덴 오우덴 Hanneke den Ouden과 뉴욕 대학교의 로산 쿨스 Roshan Cools는 동료 연구진과 함께한 연구를 결과를 《뉴런 Neuron》 저널에 발표했다. 그들은 세로토닌이나 도파민 같은 뇌의 화학물질과 관련된 유전자가 과거의 상벌을 토대로 우리의 결정에 영향을 미친다고 주장했다.

연구팀은 우리의 결정에 영향을 주는 요소 일부는 부모에게 받은 유전 변형체를 기반으로 한다고 밝혔다. 도파민과 세로토닌에 영향을 미치는 DAT1과 SERT 유전자의 유전적 영향을 실험하고자 실험 참여자들에게 간단한 컴퓨터 게임을 하게 한 결과, 도파민 유전자는 선택에 따른 장기적 결과에 영향을 주는 반면 세로토닌 유전자는 단기적 결과에 영향을 미치는 것으로 나타난 것이다.

또한 덴 오우덴은 게임 참여자들이 각기 다른 전략을 사용했으며, 이 모든 것은 그들의 유전 형질에 달려 있다고 덧붙였다. 처벌을 받은 뒤에 곧바로 선택을 바꾸는 성향은 부모에게서 물려받은 세로토닌 유전 변형체에 의한 결과인 반면, 도파민 유전 변형체는 기존에 보상을 받았지만 더는 보상을 얻을 수 없는 것을 선택하지 못하게 하는 데 영향을 준다고 밝혔다.

생물학적 차이가 있지만, 중요한 점은 불가능해 보이거나 두려워 보이는 목표를 설정하도록 스스로 동기를 주는 요소를 찾는 것이다. 그렇다면 당근과 채찍에 관한 이 모든 정보의 균형을 어떻게 맞출 수 있을까?

이를 위해서는 먼저 정보를 살피고 내면화한 뒤, 이것이 마음속 가장 중요한 곳에 자리잡게 할 방법을 찾아야 한다. 즉, 자기 자신을 앞으로 나아가게 하는 것에 자신을 노출해야 한다는 것이다. 이룩하고자 하는 목표에서 가장 의미 있는 것이 무엇인가? 스스로 불타는 석탄 위를 걸어 목적을 향하게 하는 동기는 무엇인가? 스스로 열정을 불태우게 하는 당근과 피하고 싶은 채찍은 무엇인가? 꼭 필요하다면 둘 다 활용해야 한다.

직장인이라면 봉급 인상이나 보너스, 승진 등을 당근으로 활용할 수 있다. 자신을 증명하고 목표를 달성했다면 이러한 보상을 받게 된다. 그 밖의 당근으로는 타당성 입증, 안정감, 인정, 사랑 등이 있다. 반면에 채찍으로는 좌천이나 실직 위협, 성질 고약한 상사의 꾸지람 등을 활용할 수 있다. 그 밖의 채찍으로는 두려움, 거절, 실망, 실패를 들 수 있다. 이때 단순한 감정이 가장 효과적이라는 점에 주목하자.

자신의 당근과 채찍이 무엇인지 완전히 인식하면 스스로 올바른 동기를 부여한 뒤 자신의 역할을 제대로 수행하려 하게 된다. 이 점을 깨달았다면 어떤 요소에 성패가 달려 있는지 자기 자신에게 끊임없이 알려주자. 엄청나게 강한 동기가 있어야만 안전지대 밖으로 나올 수 있는 것은 아니다. 어떠한 행동을 해야 하는 이유를 찾고 자신만의 동기를 가진다면, 누구라도 가능하다.

자신의 당근과 채찍이 무엇이며 어느 쪽이 진짜인지 제대로 파악하면, 불가능을 가능케 할 확률이 높아진다. 안전지대를 벗어났을 때와 부정적인 결과를 제대로 마주했을 때 얻을 수 있는 진정한 보상에 대해 알게 되기 때문이다.

당신이 혼자 밤늦게까지 남아 야근을 하는 이유는 무엇인가? 해고당할까 봐 두려워서이거나 자신의 능력을 입증하기 위함일 수도 있다. 어쩌면 엄청나게 깐깐한 상사의 기준에 맞추기 위해서는 근무 시간에 해둔 것만으로는 불가능하다고 느껴서일 수도 있다.

두려워하는 것 혹은 불가능한 것을 얻고자 노력하는 일은 안전지대의 벽을 허물려는 시도가 분명하다. 그런데 우리를 앞으로 나아가지 못하도록 막는 장애물이나 기회를 잡은 데 과도하게 만족하거나 안도하게 하는 요인은 항상 분명하지 않다. 따라서 우리는 내면으로 깊이 파고 들어가서 핵심적인 믿음을 끄집어내 어떤 요소가 자신의 흥미를 일깨우거나 용기를 꺾는지 면밀히 살펴야 한다. 이 같은 자각이 안전지대에서 벗어나는 일을 한층 의미 있게 해줄 또 다른 도구다.

당신이 편안한 삶에 만족하고 있는 사이,
좋은 기회들은 허망하게 사라진다.

제8장

완벽한 목표보다
사소한 습관을 만들어라

Awake

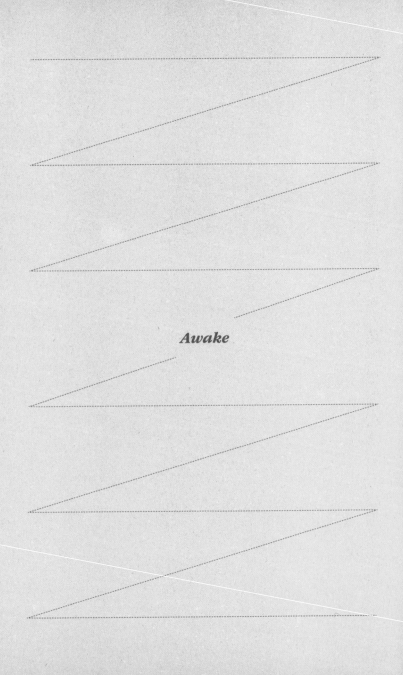

Awake

지금까지 안전지대에서 벗어나는 방법을 과학, 철학 및 일반 전략으로 세분화해서 살펴보았다. 이 장에서는 당신이 새로운 무언가에 도전할 수 있도록 도와줄 세 가지 심리 법칙을 단계별로 소개하고자 한다.

만약 당신이 삶에 대한 사고방식이나 사물을 대하는 접근법을 바꾸는 것처럼 가치관을 변화시키고자 한다면, 생각보다 쉽지 않아 주눅이 들 수도 있다. 이처럼 쉽지 않은 목표를 가지고 안전지대를 떠나기 전 불안으로 가득 찬 상태라면, 지금부터 소개할 단계별 방식이 도움이 될 것이다. 즉, 실체가 명확하지 않아 두렵고 꺼려지는 일에 청사진을 제공해준다는 뜻이다.

조금 추상적으로 보이는 목표에는 구체적인 계획을 추가하면 도움이 된다. 이런 체계는 안전지대 밖으로 나가려는 움직임에 대한 생각, 감정, 동기를 세울 수 있게 해준다. 또한 이는 두려운 상황에 용기를 가지고 접근하게 해주며, 상황을 평가할 때 어떤 요소를 고려해야 하는지에 대한 지침이 되어준다.

자신감을 최대로 끌어올리는 세 가지 방법

브랜다이스 대학교 심리학과 조직행동학 교수인 앤디 몰린스키Andy Molinsky는 『도달: 안전지대에서 벗어나 도전하고 자신감을 키울 수 있게 돕는 새로운 전략Reach: A New Strategy to Help You Step outside Your Comfort Zone, Rise to the Challenge and Build Confidence』을 통해 안전지대에서 성공적으로 빠져나온 사람들을 조사한 결과, 이들에게서 세 가지 공통적인 요소를 발견했다고 설명한다. 그는 이를 '세 가지 C'라고 지칭했다. 바로 확신 conviction, 자기화 customization, 명확화 clarity다.

확신

확신이란 안전지대 밖으로 이끌어줄 행동이 힘든 노력을 들일 만큼 가치 있는 일이라는 깊은 믿음을 의미한다. 이 행동이 왜 자기 자신에게 중요한지 스스로 동기를 파악하는 일도 포함된다. 이는 동기의 토대를 형성해 개인의 타당성을 강화하고, 불편할지도 모를 혹은 적어도 편하지는 않을 훈련을 통해 한층 높은 목표로 갈 수 있도록 해준다.

몰린스키 교수는 이를 설명하기 위해 자신을 예로 들었다. 다소 내성적인 그에게는 공개 석상에 나가고 인터뷰를 하는 등 작가로서 해야 하는 홍보 활동이 안전지대를 벗어나는 일이었다. 그는 조용히 혼자서 글을 쓰는 걸 훨씬 더 좋아하지만, 홍보 활동은 자신이 쓴 책을 독자들에게 알리는 데 꼭 필요한 일이다. 몰린스키 교수는 자신의 책이 사람들의 삶을 더 나은 방향으로 이끄는 데 도움이 된다고 확신했고, 자신이 홍보에 나서면 독자들에게 이러한 사실을 더 잘 알릴 수 있다고 판단했다. 그리고 이 과정은 자신의 책을 많은 사람에게 읽히고 싶다는 그의 목표에서 매우 큰 가치가 있다고 생각했다.

자기화

자기화는 새로운 과제를 수행할 때 한층 편안하고 자연스럽게 할 수 있도록 자신의 고유한 감성을 드러내는 것을 의미한다. 이때 중요한 것은 모든 요인을 자기화해서는 안 된다는 점이다. 그저 과제를 한층 더 자신의 것으로 느낄 수 있도록 살짝 변형하는 것뿐이다. 자기화는 자신에게 남기는 서명과도 같아서 자기 자신에게 노력을 주도하고 좋은 결과를 얻게 할 만한 점을 제대로 인식할 수 있도록 도와준다.

예를 들어, 회의에서 의견을 제시하기 위해 노력 중이라면 굳이 무리해서 다른 연설가를 모방할 필요가 없다. 자신의 스타일이 무엇이고 이를 어떻게 발언에 활용할 것인지를 생각해보자. 농담을 잘한다면 농담을 하고, 진지한

스타일이라면 진지하게 말하라. 그림을 그리는 동안 마음이 편해진다면 말을 하는 내내 그림을 그려라. 이런 행동은 동료들에게는 그다지 중요해 보이지 않을지라도 당신을 한층 강력하고 자신감 있게 보이도록 충분히 도와준다.

안전지대에서 벗어나는 일이 그토록 두려운 이유 중 하나는 안전지대 밖에서는 무력하고 스스로 상황을 통제할 수 없다고 느끼기 때문이다. 하지만 상황 일부를 자기화하면 안전지대 밖에서도 적어도 그만큼은 권한을 가졌다는 점을 알게 된다.

명확화

안전지대 밖을 여행하다 보면 가끔 비이성적인 생각이 머릿속에 몰래 끼어들어 자리를 차지하기도 한다. 이 생각은 주로 부정적인 형태로 등장한다.

'이건 분명 실패할 거야.'

'난 길 한복판에 얼굴을 처박으려고 하고 있어. 이제 모두 내가 얼마나 멍청한지 알게 되겠지.'

'완벽하게 하지 못할 거라면 해야 할 이유가 없어.'

이런 식의 생각은 심지어 시작도 하기 전에 자신을 무능한 사람으로 평가하게 한다.

이제 이런 생각이 들면 이 모든 것을 비이성적인 사고로 분류하고 흘려보내자. 명확화는 자신이 처한 문제에 대해 공정하고 신중한 관점을 발전하는 행위다. 이 연습을 반복하면 스트레스가 많은 상황에서 길을 잃고 포기하는 일이나 왜곡되고 과대망상적인 사고에서 벗어날 수 있다.

비이성적인 생각이 들면 다른 생각으로 막아보자.

'모든 것이 잘될 거야.'

'상황이 조금 나빠진다고 세상이 끝나는 것은 아니야.'

'완벽할 필요는 없어, 그저 최선을 다하면 돼.'

이 세 가지 C를 일상에서 어떻게 활용할 수 있을까? 당신의 꿈이 어려운 이웃을 위한 무료 급식소를 여는 것이라고 가정해보자. 그런데 이 꿈을 이루기 위해서는 우선 공식 절차를 통해 설립 허가를 얻고 재정적인 도움을 받을 수 있도록 자선 사업 감독 위원회를 찾아가야 한다.

이때 확신은 무엇일까? 당신은 그 지역에서 수년간 살았고, 다른 사람들이 끈끈한 유대를 통해 경제적 상황을 극복하는 과정을 지켜봐 왔다. 그 덕분에 지역 사회를 유지하는 것은 매우 중요하며 무료 급식소를 운영하는 것은 아주 가치 있는 일이라는 확신을 가지게 되었다.

그렇다면 자기화는 무엇일까? 설립 허가를 요청하는 발표를 하는 게 두렵다면, 발표를 할 때 자신의 매력을 어필하기에 가장 적절한 옷을 차려입는 것이다. 공동체 의식을 강조하고 싶다면 당신이 속한 지역을 상징하는 색이 들어간 넥타이나 스카프, 혹은 핀을 꽂아도 좋다.

그리고 명확화는 자선 사업 감독 위원회가 당신의 제안을 거절할지도 모른다는 점을 깨닫는 것이다. 그러나 거절당할지라도 적어도 위원들에게 지역의 위기를 알릴 수 있고 어쩌면 미래에 기회를 만들 인연을 구축할 수도 있다. 우리는 명확화를 통해 불확실성에 대한 두려움을 '실제로 일어난 일'과 '이 일을 하는 이유'라는 확실성으로 잠재울 수 있다. 이런 요소들은 절대 변하지 않는다. 그 부분을 스스로 강조하기만 하면 된다.

이처럼 세 가지 C 법칙은 우리가 두려운 강을 건널 수 있게 해준다. 당신을 변화시킬 힘은 당신 안에 있다. 이 접근법을 통해 생각과 관점을 조금 바꾸면 해낼 수 없는 일이란 애초에 존재하지 않는다는 사실을 알게 될 것이다.

인생을 반전시키는 특별한 기술

이 책에서 다루는 다수의 문제는 개인의 성취를 위해 혹은 문제를 해결하기 위해 안전지대에서 벗어나는 일을 다루고 있다. 단언컨대, 안전지대를 벗어나는 일은 굉장한 경험이다. 이는 실제로 삶을 재미있고 풍요롭게 해준다.

지금 소개할 방법은 앞서 소개한 방법들과는 달리 현재의 안전지대를 확장하는 것이 아닌 그 영역 밖을 활발히 추구하는 행동에 가깝다.

존 레비John Levy는 좀 더 모험적인 삶을 사는 데 인생의 목표를 둔 행동과학자다. 그가 쓴 『새벽 두 시의 법칙: 모험의 과학을 발견하다The 2AM Principle: Discover the Science of Adventure』에는 평범한 삶을 흥겨운 모험으로 변화시키는 방법이 담겨 있다. 그는 이 책을 펴내며 "인생의 서사 같은 경험을 제외하면, 새벽 두 시 이후로 좋은 일은 하나도 일어나지 않는다"라고 말했다. 이는 활동하는 시간 안에 흥미로운 일을 많이 만들어야 한다는 것을 의미한다.

레비는 모험을 추구하며 광범위하게 여행을 다녔다. 그는 스페인 팜플로나에서 황소에게 밟히기도 하고, 영국 출신의 영화배우 키퍼 서덜랜드 Kiefer Sutherland 와 스릴 넘치는 젠가 게임을 하기도 했다. 모르는 사람들이 가득 탄 리무진에 올라 즉석에서 자신의 파티에 초대하기도 하고, 다소 불량한 생활을 하기도 했다.

레비는 이러한 경험을 통해 진실한 모험가가 되기 위해서는 세 가지 요인이 있어야 한다는 점을 발견했다.

◇ 남들에게 이야기할 만한 흥미로운 경험이어야 한다. 잘 알려지지 않은 협곡을 찾아가거나 모두가 광란하는 술집에 가는 것 등이 될 수 있다.

◇ 역경이나 인지된 위험을 수반해야 한다. 20미터가 넘는 높은 플랫폼에서 물속으로 뛰어내리는 하이 다이빙처럼 신체

적 위험이 따르는 운동을 해보거나 험한 산에 오르는 것처럼 어려워 보이는 일을 포함한다.

◇ 그 경험이 끝난 뒤에 스스로 다른 사람이 될 수 있어야 한다. 낯선 사람과의 대화를 통해 선입견을 없애고 견문을 넓히는 일 등을 예로 들 수 있다.

예시로 든 활동들은 레비가 주장하는 각 요소를 포함하고 있다. 하지만 이 세 가지가 모두 속한 활동을 찾기는 쉽지 않다. 레비가 말한 활동들은 단순히 레저나 재미만을 뜻하는 것이 아니기 때문이다. 단순히 볼링을 치거나 롤러스케이트를 타는 경험을 말하는 것도 아니다. 물론 롤러스케이트장 한가운데서 볼링을 치는 일이라면 조금 다를 수도 있지만 말이다.

레비에게 '재미'란 항상 피상적이다. 그는 재미를 느낀다고 해도 긴장을 푼 상태에서 편안하고 쉽게 할 수 있는 것이라면, 이는 안전지대의 영역이라고 주장한다.

레비의 모델에 적합한 모험에는 만찬을 여는 것과 같은 평범한 일도 있다. 그는 한 인터뷰에서 매달 한 번씩 서로 알지 못하는 다섯 사람을 초대해 만찬을 연다고 밝혔다. 단순히 식사를 대접하는 것이 아니라 참석자들과 함께 슈퍼마켓으로 가서 재료를 사 와 주방에서 같이 요리를 하는 것이다. 레비는 이는 확실히 가치가 있는 경험이라고 말한다. 어떤 사람이 올지 모르기에 두렵기도 하지만, 한 번에 새로운 친구 네 명을 만들고 모두에게 변화를 가져다줄 수 있기 때문이다.

레비는 모든 사람이 특별한 활동을 추구할 시간이나 방법을 가진 것은 아니라는 점을 파악했다. 다만, 일상생활에서 적용할 수 있는 평범한 활동을 특별한 경험으로 바꾸는 네 가지 요소가 있다는 걸 알게 됐다.

팀을 구성한다

레비는 관리자들이 작업팀을 꾸리는 것처럼 모든 활동에 사교팀을 구성해야 한다고 말한다. 최대한 성비를 맞추고 각기 다른 배경, 의사소통 방식, 문화에 대한 접근법, 경험을 지닌 사람들로 채우는 것이다. 그는 이를 통해 위대한 집단은 가장 어색한 장소도 즐겁게 만든다는 사실을 발견했다.

환경을 바꾼다

레비의 모험은 고정되어 있지 않다. 그는 제대로 모험을 떠나기 위해서는 환경을 최대한 자주 바꿔야 한다고 주장한다. 장소를 바꾸면 뇌가 다르게 움직이기 때문이다.

임무를 만든다

모험에는 신체적 활동이나 감정적인 목표가 포함되어야 한다. 멀리서 보기에는 무모한 것 같지만 적어도 그 안에 목표가 있다면 괜찮은 맥락이 형성된다. 또한 이는 단체 행동을 주도하고, 외부인들까지 참여하고 싶게 하기 때문에 많은 사람이 안전지대에서 벗어날 수 있게 돕는 일이기도 하다.

규칙을 정한다

마지막으로, 그는 모험에 참여하는 사람들이 지켜야 하는 특정한 조건이나 규칙이 있어야 한다고 주장한다. 예를 들어, 술집을 찾아가 게임을 해서 모르는 사람에게 술을 얻어먹는 것 등이 있다. 누구나 자신의 기량 밖에서 하는 활동에서 가장 큰 즐거움을 얻을 수 있기 때문이다.

레비는 자신이 만든 모임이 술집 투어를 하는 것을 예시로 들었다. 먼저 레비에게 초대받은 사람들은 모두 다른 배경을 가졌다. 그들은 어느 장소에서든 한 시간 이상 있지 않기로 약속했으며, 뉴욕 역사상 가장 기념비적인 밤을 만들고자 했다. 또한 구성원 모두가 자신들에게 익숙한 술집은 가지 않기로 했으며, 서로 추천하는 모든 술과 음식을 승낙하기로 약속했다.

여기서 핵심은 안전지대 밖에서 얻을 수 있는 것들을 체험해보는 일이다. 레비가 주장한 새벽 두 시의 법칙은 그동안 발견하지 못했던 삶의 야성적인 측면을 구축하고, 이를 한층 더 의미 있는 활동으로 만들어준다.

삶의 기회를 포착하기 위한 다섯 가지 요건

작가 맷 워커 Matt Walker 는 안전지대 탈출에 관해 새로운 정의를 내렸다. 그는 "높은 성과를

내는 삶은 모험을 통해 이루어진다"라고 주장한다. 그가
설명한 모험에 관한 여러 자질을 소개한다.

모험에 대한 열망을 가진다

우선 그는 모험이란 자신이 누구이며, 어떻게 살고, 세상
에서 무엇을 할 수 있는지에 대해 생각하는 능력이라고
말했다. 이런 열망은 안전지대에서 벗어나 주변에 있는
기회를 포착했을 때만 눈에 들어온다.

헌신하는 태도를 유지한다

당신은 성공을 향해 가면서 얼마나 기꺼이 도전을 받아들
이려고 했는가? 이는 도전에 직면했을 때 스스로 맹목적
으로 믿거나 경솔하게 방치하는 것이 아니라 자신감과 믿
음을 가지라는 뜻이다. 헌신은 모험을 완전히 끝마칠 수
있게 우리를 지탱해주는 기본 요소다.

불확실한 일에 뛰어든다

무언가가 어떻게 끝나는지 안다면, 그것은 롤러코스터를

타거나 패키지 여행을 가는 것 정도의 모험에 지나지 않는다. 불확실성이 없으면 편안해져서 인생이 아무것도 아닌 것처럼 느껴진다. 살아가면서 역경과 불안이 있을지도 모르지만, 불확실함은 또한 가능성이라는 선물을 준다. 안전지대에서 벗어나는 데 미지에 대한 인식이 얼마나 중요한 요인인지 꼭 기억하라.

삶의 다양성을 받아들인다

힘든 순간에 농담을 던지거나 우아함을 유지하는 등의 능력은 익숙하지 않거나 힘든 상황에 대한 저항성을 나타낸다. 이처럼 모험에 익숙해지면 한 걸음 물러나 가끔은 인간의 터무니없는 측면을 받아들이고 있는 그대로 존중하고 포용하며 관계를 발전시켜나갈 기회를 얻을 수 있다. 자신과 반대되는 성향을 가진 사람과 마주하고 그 차이를 받아들이면 안전지대 안에서는 얻지 못하는 수준으로 이해력을 높일 수 있다.

동반자의 존재에 감사한다

인간은 외로운 존재이지만, 누구도 홀로 인생을 헤쳐나갈 수 없다. 헌신, 기쁨, 친절, 감사 속에 살 수 있도록 우리를 돕는 누군가가 필요하다. 모험의 동반자는 우리와 같이 모험을 하고 경험을 더하는 사람이나 동물일 수 있다. 아니면 서핑을 하는 바다, 오르는 산, 운전하는 넓은 길 등 우리가 교감하는 자연의 요소일 수도 있다.

일상적이지만 사람에 따라서는 용기가 필요한 상황 한두 가지를 살피며 워커의 모험 교리를 자세히 알아보자.

등산은 자신의 능력을 스스로 입증하고 성취감을 얻는 대표적인 활동이다. 등산을 떠나기 전에는 장비를 성실히 준비하고, 가게 될 지형을 살피는 등 몇 가지 수고를 해야 한다. 또한 등산은 사고 등의 위험이 있으므로 불확실한 결과를 낼 수도 있다. 당신은 스스로 패기를 시험하기 위해 거친 숨을 내쉬며 고난을 인내할 것이고, 그 과정에서 소소한 변화를 만나게 된다. 혼자 가면 자연과 한층 긴밀해질 수 있고, 누군가와 함께한다면 그 사람과의 관계가 훨씬 더 돈독해질 수 있다.

해외로 가이드 투어가 아닌 자유 여행을 가는 것 또한 이 모든 요소를 포함할 수 있다. 다른 나라로 여행하는 일은 자신에게 익숙한 환경에서 벗어나 새롭고 낯선 문화를 경험하는 시도다. 자유 여행은 전문적인 도움 없이 일정 내내 자신이 코스를 짜야 한다. 또한 거의 모든 여행이 불확실한 결과를 내는데, 그 이유는 갑작스러운 상황이 닥칠 가능성이 크기 때문이다. 당신은 여행하는 동안 낯선 문화와 언어의 차이로 타인과의 소통에 제약을 받아 힘이 들 수도 있다. 그럼에도 결국 방문한 장소와 그곳에 사는 사람들과 유대감을 형성해 우정을 나누고 새로운 경험을 할 수 있다.

레비와 워커가 제시한 접근법의 공통점은 무엇일까?

한 가지는 일종의 헌신을 중요하게 여긴다는 점이다. 세 가지 C 법칙에서는 확신과 명확화가 필요하다. 자신이 하는 일이 무엇이고, 왜 그 일을 하는지 분명하게 알아야 한다는 것이다. 새벽 두 시의 법칙은 제약된 환경에서 합의하거나, 심지어 무조건 규칙에 따라야 한다. 워커의 모델은 헌신을 두 번째 정의로 분명하게 규정했다.

이런 유사성은 안전지대를 벗어나려는 노력에 어느 정도의 헌신이 필요하다는 것을 말해준다. 헌신은 개인적 능력을 증대시키는 데 영향을 주거나, 주어진 환경에서 가장 유용한 요소를 찾을 수 있게 해준다. 이것이 모험을 준비하는 과정에서 가장 부수적이고 분명한 헌신이다.

이 접근방식들은 또한 불확실함에 대한 인식을 바꿀 것을 요구한다. 세 가지 C 법칙 중 명확화는 노력이 기대한 만큼의 결과를 보여주지 않을 때 긍정적인 확신을 찾게 해준다. 워커의 모델 역시 불확실한 결과물이 단지 위대한 모험의 일부가 아니라 스스로 추구해야 할 대상이라고 직접적으로 언급한다. 이와 비슷하게 새벽 두 시의 법칙은 기본적으로 예측 불가능성을 모든 전제에 깔고 있다. 이것은 레비가 제시한 공식에서 생명선과 같다.

마지막으로 두 법칙은 공통으로 위험요인을 살핀다. 세 가지 C 법칙은 애초에 위험을 허용한 상태로 구축되었으며, 힘든 부분이나 잠재적으로 어려운 요인을 마주했을 때 해야 할 일에 대해 언급한다. 새벽 두 시의 법칙 역시 위험요소를 프로그램의 한 부분으로 두었고 워커의 모델은 부분적으로 모험을 '고난에 대처하는 것'으로 정의한다.

이 세 가지 유사성은 실질적으로 안전지대에서 벗어나는 것이 정말로 무엇을 의미하는지 꽤 제대로 된 핵심 정의를 내려준다. 바로 불확실한 결과와 위험을 무릅쓰고 모험에 헌신하는 것이다. 모험이 엄청난 규모이거나 지나치게 위험할 필요는 없지만, 안전지대를 벗어나기 위해서는 이들 요소를 일상에 적용해 삶을 모험으로 만들어야 한다.

안전지대에서 벗어나는 체계적인 프로그램 혹은 일련의 지침을 잘 숙지해두면 앞으로 가게 될 미지의 영역이 두렵지 않게 느껴진다. 자신의 경험을 한층 더 의미 있게 만들겠다는 목표로 앞서 제시한 법칙을 살피고 그 교훈을 안전지대에서 벗어나는 과정에 활용해보자.

제9장

인생은 모험이 아니면
아무것도 아니다

Awake

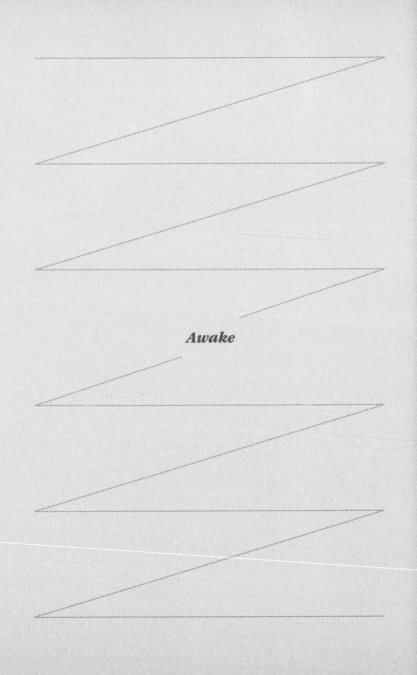

Awake

당신의 안전지대에 창문이 있다면, 당신은 안락의자에 앉아 창문을 통해 밖에서 벌어지는 일들을 구경할 것이다. 이는 안전지대에서 가질 수 있는 유일한 긴장감이다. 익숙하고 편안한 곳에 머물면 절대로 얻을 수 없는, 의미 있는 경험을 놓칠까 하는 두려움 말이다.

하지만 아무리 이런 두려움을 가지고 있다고 한들, 그 시점에 안전지대에서 벗어나 모험을 즐기는 사람으로 변신하기란 쉽지 않다. 어쩌면 당신은 아직도 안전지대를 벗어날 자신감을 찾지 못했거나, 어떻게 하면 꾸준하고

도 대담하게 도전하며 살 수 있을지 고민할 수도 있다. 아니면 스스로 대담하고 모험심이 강한 성향을 가지고 있지 않다고 생각하며 좌절할 수도 있다.

하지만 안전지대를 벗어나기 위해 할 일은 생각보다 쉽고 간단하다. 안전지대 밖에 있는 무언가를 놓칠까 봐 두려운 마음만 가지고 있다면 말이다.

마음껏 이상해져라

천재들은 그들의 상상력으로 세상을 바꾸는 능력을 갖췄다. 대담한 생각, 새로운 사고, 혁신적인 발상을 통해 세상을 선도해나간다.

그들은 또한 살짝 괴짜이기도 하다. 사람에 따라서는 이를 별나다거나 기벽이 있다고 말할 수도 있는데, 어쨌든 그들의 행동은 모두 일반적인 기준에서 엄청나게 벗어나 있다.

알베르트 아인슈타인 Albert Einstein 을 예로 살펴보자. 상대성이론을 통해 근대 과학에 근본적인 변화를 가져온 위인인데, 특이하게도 양말 신기를 거부했다.

작가이자 신문기자인 헌터 S. 톰프슨 Hunter S. Thompson 은 정치적 불의를 용납하지 않는 태도로 저널리즘에 새로운 바람을 불러왔다. 그는 피그미족을 찾아 아프리카 정글을 누볐고 국제 요트 레이스의 우승 트로피인 아메리카 컵에 불을 지르기도 했다.

왜 천재들은 살짝 미치광이가 되는 쪽을 택하는 걸까? 무엇이 아인슈타인, 톰프슨, 빈센트 반 고흐 Vincent Van Gogh, 살바도르 달리 Salvador Dali 를 틀림없는 거장이자 괴짜로 만들었을까?

《데일리 메일 Daily Mail》의 롭 워 Rob Waugh 기자는 여기에 과학적인 토대가 있다고 주장했다. 그는 창의적인 천재성과 광기 사이에는 연관이 있다고 발표했다. 또한 매우 창의적이고 지적인 사람에게서 조현병과 조울증이 자주 발병한다고 덧붙였다.

열여섯 살 집단을 대상으로 한 스웨덴의 연구가 이 주장에 흥미로운 연관성을 보인다. 존스 홉킨스 의과대학원의 케이 레드필드 제이미슨 Kay Redfield Jamison 임상심리학 교수는 열여섯 살 때 월등한 능력을 보이는 사람들은 조울증이 걸릴 확률이 네 배나 높다는 결과를 발표했다. 그의 연구에 따르면, 지적 능력이 뛰어난 학생들은 천재성과 정신적 불안을 연계하는 유전자인 DARPP-32를 보유했다. 실제로 이 유전자는 사고능력을 높여준다.

사실 DARPP-32 유전자는 인간의 75퍼센트가 가지고 있다. 과학 기자인 로저 하이필드 Roger Highfield는 《텔레그래프 Telegraph》를 통해 "이 유전자는 전전두피질과 뇌의 다른 부분인 선조체를 연결하는 신경 회로를 구성하고 이를 제어하는 능력을 관장하며, 조현병과 밀접한 관련이 있다"라고 밝혔다.

이 연구 결과에서 중요한 것은 우리는 모두 다양한 방식으로 살짝 미쳐 있다는 사실이다. 인간 행동의 스펙트럼에서 '정신 질환'은 주로 양극단에 위치하는데, 우리는 때때로 미친 짓을 저지르는 걸 두려워할 필요가 없다. 이 광기는 우리가 독창적인 관점에서 생각할 수 있도록 도와주기 때문이다.

너무 튈까 봐 관습적인 상태에 머물려고 하지 마라. 남들 눈에 이상해 보일까 봐 겁이 나서 행동을 자제해서는 안 된다. '이상함'은 전보다 많이 용인되고 있다. 더 많은 사람이 이상함을 개인의 자산 또는 적어도 무해한 특징으로 보고 있다. 그래도 불안감과 두려움이 사라지지 않는다면 조명 효과를 떠올려보자. 실제로 아무도 당신을 보고 있지 않으며, 타인에게 당신의 행동이 전혀 감지되지 않을 수도 있다.

또한 삶의 방식에 유머를 구사할 기회를 찾는 습관을 들이자. 유머는 과소평가되어 있지만, 안전지대를 벗어나는 가장 강력한 도구다. 안전지대에 가만히 누워 시간만 낭비하지 말고 자신의 성격을 강화하기에 적합한 방식으로 무엇이든 표현하자. 당신이 하는 일에서 특이하고, 이상하고, 기이한 요소들을 온몸으로 포용하자.

실제로 우회적인 사고와 옆길로 새기 등 성격의 별난 점들은 당신을 특별하게 만들어주고, 다른 사람들에게 매력적으로 보이게 해준다. 폭넓은 대화를 하고 생각을 교환하고 삶을 더 모험적으로 만들어 자신만의 성격을 완성하라. 개인의 성격은 아무도 바꿀 수 없는 고유한 부분이므로, 이를 제대로 형성하는 일은 안전지대 밖에서 좀 더 자신다울 수 있게 도와준다. 자신의 신념이나 성향을 막힘 없이 표현할 수 있다면 안전지대 밖에 있어도 흔들리지 않을 수 있다.

변화의 가속도를 높이는 방법

안전지대는 시간과 움직임이 멈춘 장소다. 그러나 무언가 의미 있는 행동을 하면 안전지대 내부의 관성을 깨트리고 경계를 무너뜨릴 수 있다.

많은 사람이 삶을 이끄는 것은 외부의 힘이며, 자기 자신이 제어할 수 없다고 생각한다. 하지만 이는 사실이 아니다. 우리는 누구나 안전지대 밖으로 움직일 수 있도록 스스로 조종하고 속도를 낼 수 있다.

앞으로는 무언가를 생각할 때 스스로 다음과 같은 세 가지 단계를 정하자.

1. 아주 가까운 미래에 할 계획을 세운다.

2. 그 일에 관해 공부한다.

3. 가능한 한 빨리 시도한다.

이를 조금 더 자세히 살펴보자. 이 방법은 행동이 불필요하게 지연되는 끔찍한 '계획 마비'를 예방해준다. 그리고 행동에 관한 가속도를 만들 수 있게 해준다. 이 기류라면 한층 생산적이고 효과적이고 효율적으로 움직일 수 있다.

이 법칙은 미리 행동을 분석하고 나누고 계획을 세워야 한다는 첫 번째 장벽을 넘게 해준다. 긍정적인 사고와 에너지를 구축하는 일은 목표를 향해 움직이게 돕고, 원하는 것이 무엇이든 이룰 수 있다고 믿게 해준다.

첫 번째 단계인 '아주 가까운 미래에 할 계획을 세운다'는 바로 그 순간에 할 수 없다는 이유로 무기한 미뤄두는 일에서 벗어날 수 있도록 도와준다. 새로운 시도에 관해 계획을 실행할 수 있을 때까지 이름표를 붙여두는 것이다.

두 번째인 그 일에 관해 공부하는 단계는 정보가 좀 더 필요하다고 생각할 때를 대비한 선택사항이다. 이는 계획 마비와는 다르다. 이 법칙은 당신이 적극적으로 진실을 찾고, 조사를 통해 무엇을 할지를 깨닫게 해준다. 그럼으로써 쓸데없는 생각에 너무 깊이 빠지지 않게 해준다.

그렇다면 가능한 한 빨리 시도하는 단계는 무엇을 의미할까? 이것은 따로 설명이 필요 없다. 생각을 빨리 행동으로 옮길수록 삶이 그만큼 빨리 달라질 것이다. 지금 당장 무언가를 시작하고 싶은 충동이 느껴진다면 본능에 따라 행동에 나서자. 당신을 막을 것은 아무것도 없다.

일곱 살로 돌아가라

누군가는 자신은 안전지대를 가진 적도 없고, 언제나 모험을 추구하고 있다고 여길지도 모른다. 늘 아무렇게나 행동했고, 남을 의식한 적이 한 번도 없다고 믿을 수도 있다. 하지만 과연 그럴까?

이렇게 해보자. 책상 앞에서 엑셀 스프레드시트를 열고 긴급한 문제들이 쭉 나열된 목록과 오늘까지 반드시 해야 하는 일과 같은 중요한 정보를 적어본다. 그다음에는 이 질문을 던져보자.

"내 일곱 살 자아라면 지금 어떻게 할까?"

당신이 일곱 살이라면 지금 당장 크레용이나 물감을 꺼냈을 것이다. 아니면 밖으로 나가 팔을 휘두르며 뛰어다닐지도 모른다. 어쩌면 옷을 거꾸로 입거나, 수년 동안 손도 안 대고 옷장 안에 처박아둔 우쿨렐레를 꺼내 연주할 수도 있다.

성인이라고 해서 이런 예시들이 덜 즐겁다는 의미는 아니다. 우리는 어른이 되었지만, 이런 활동과 태도는 여전히 창의성을 높여준다. 아니면 그저 열을 식히고 스트레스를 푸는 데에도 효과적인 방법이다.

놀기에 너무 늦은 나이는 결코 없다. 지금이라도 스스로 놀 수 있게 허락하자. 작은 스케치북을 가지고 다니며 낙서를 하거나 그림을 그려봐도 좋다. 그 낙서나 그림을 통해 현재 가진 문제의 해결책이 나올 수도 있다. 하루 중에 정기적으로 휴식 시간을 가진 후 당신의 삶, 일, 주위의 모든 측면에 일곱 살이 할 만한 행동이라면 무엇이든 괜찮으니 해보라. 순수한 관점에서 삶에 접근하는 것은 결코 해가 되지 않는다.

우리의 안전지대는 청소년기와 그 이후에 배운 믿음, 행동, 태도로 대부분 꽁꽁 싸여 있다. 성인이 된 이후에는 스스로 결코 긴장을 풀 수 없다고 믿는다. 하지만 이 활동을 습관으로 들이면 잘못된 자의식, 그리고 안전지대 안에서 어리석고 유치하고 미숙하다고 느꼈던 모든 요소를 거를 수 있게 된다.

이 같은 꽉 막힌 사고방식에서 벗어나려면 모든 것을 처음 경험해보는 것처럼 접근하고 어린아이와 같이 행동해야 한다. 호기심과 경이로움이 당신을 해도에 없는 바다로 이끌어줄 것이다.

자신의 결정 패턴을 파악하라

안전지대 밖으로 나가는 데는 개인적, 일상적인 모험이 큰 비중을 차지한다. 그런데 이 과정에서 장애물을 만났다면 어떻게 행동하는 게 좋을까?

애덤 모건 Adam Morgan과 마크 바든 Mark Barden은 『제약의 마법』을 통해 스스로 제약을 느낄 때 가져야 할 세 가지 마음가짐에 대해 알려준다. 성취를 위한 여정에서 어떤 장애물을 맞닥뜨렸을 때 사람들이 취하는 행동은 세 가지로 분류할 수 있다.

당신이 빵집을 더 큰 곳으로 옮기려고 하는 빵집 주인이라고 해보자. 당신은 좋은 위치에 완벽한 건물을 찾았지만, 월세가 엄청나게 비싸다. 이때 당신이 취할 수 있는 태도는 세 가지다.

첫 번째는 피해자 유형이다. 이 유형은 제약을 마주했을 때 야망을 낮추고 피해자의 마음가짐을 갖는다. "어쩔 수 없어", "시기가 안 맞으니 지금 이전할 순 없겠다"라고 말하며 의기소침해한다.

두 번째는 중립자 유형이다. 이 유형은 야망을 낮추길 거부하고 대안을 찾는다. 피해자와는 달리 상황에 굴하지 않고 제약을 다루기 위해 새로운 전략을 세운다. 이 태도를 지닌 빵집 주인이라면 이렇게 말할 것이다. "반드시 이

가게를 얻어야 해. 어쩌면 온라인 마켓을 열어 판매 범위를 넓히면 비싼 월세를 충당할 수 있을지 몰라."

세 번째는 변환자 유형이다. 이 유형에 속하는 사람은 제약을 기회로 여기고 그 과정에서 야망을 더 키운다. 손실을 마주했을 때 그 상황을 기회로 이용해 사업에 대해 처음부터 다시 생각해보는 것이다. 변환자인 빵집 사장은 이렇게 말한다. "생각해보니 오프라인 가게는 그다지 효율적이지 않을 것 같아! 이참에 가게를 접고 온라인 마켓을 열자. 온라인으로 주문하는 고객들에게만 빵을 배달해주는 거야!"

이처럼 우리는 자신만의 태도 유형을 형성하고 그에 맞는 행동을 한다. 그리고 이 선택에 따라 결과가 달라진다.

우선 피해자 유형의 예를 보자. 이 유형의 빵집 주인은 모험을 제대로 활용하지 못했다. 세상이 만들어놓은 틀에서 자신이 벗어났다고 여기고 그저 참고 물러난다.

중립자는 피해자보다 조금 더 야망이 있다. 모험의 가능성과 그것을 얻기 위한 현실적인 방법을 고민한다. 지금 당장 목표를 달성할 수는 없지만, 약간의 작업과 준비를 하면 곧 이룰 수 있다고 여긴다.

변환자는 장벽을 곧장 넘거나 발로 걷어차서 치워버린다. 마치 모험이 그를 뒤쫓는 것과 같다. 이 유형에 속하는 사람은 자신의 의지에 맞게 목표를 변형하는 능력이 있다.

당신은 이 중 어디에 속하는가? 다시 말해, 일상적인 모험에 어떤 방식을 적용할 것인가? 물론 이 행동 유형 모두 안전지대를 벗어날 수도 있지만, 제대로 된 모험을 경험할 수 있는 선택은 변환자뿐이며, 나머지는 장애물과 한계에 갇힌 채 남아 있다. 당신이 진정한 변화를 원한다면 변환자 유형에 속할 수 있도록 노력해야 한다.

스스로가 특정 상황에서 가장 자주 취하는 역할이 무엇인지 파악하면 힘든 상황에서 결단을 내려야 할 때 큰 도움이 된다. 자신이 어떤 인물인지 깨닫지 못한다면 계속 안전지대에 머물 수밖에 없기 때문이다. 자신이 어디에 서 있는지 파악하는 일은 모든 부분에서 가장 핵심적인 단계다. 이 단계만 잘 지나면, 안전지대에서 벗어나는 일은 생각보다 어렵지 않다.

이로써 안전지대를 벗어나기 위한 여정이 끝을 맺었다. 우리는 성장을 원한다면 반드시 안전지대를 깨고 나와야 하며, 여러 가지 법칙과 훈련 방법을 통해 안전지대 밖에 대한 두려움을 없앨 수 있다는 사실을 확인했다. 그동안 '내가 잘할 수 있을까', '도전해보고 싶지만 도저히 엄두가 안 나'라는 생각으로 안전지대에 머물며 괴로워하던 사람 이라면, 지금보다 더 나은 삶으로 나아갈 수 있다는 자신 감이 생겼을 것이다.

하지만 너무 오랜 세월 안전지대에 머물러 있었다면 그 경계가 쉽게 흐려지지 않을지도 모른다. 의식적으로 불편함을 선택하고, 두려움을 완전히 없애기란 누구에게나 쉽지 않은 일이다. 안전지대를 벗어나기로 한 뒤에도 다시 그 안에 머물러 있고 싶은 마음과 새로운 경험에 대한 두려움 감정이 언제라도 다시 나타날 수 있으니 훈련을 반복하며 의지를 다져야 한다.

마음이 흔들릴 때마다 안전지대를 벗어나야 할 동기를 살피고, 앞서 살펴본 과정을 몇 번이고 반복하자. 안전지대를 떠나는 여정에는 대담한 태도와 끈질긴 헌신이 필요하다. 익숙한 모든 것에 작별을 고하고, 늘 반복하던 행동을 버리고 새로운 삶으로 나아가야 한다. 안전지대를 벗어나 새로운 일에 뛰어들었을 때, 어떤 기적이 일어날지 궁금하지 않은가?

지금도 늦지 않았다. 아주 작고 사소한 일부터 도전하다 보면 어느새 기존 삶의 방식과 멀어져 성장한 자신을 만나게 될 것이다. 해내지 못할 것은 아무것도 없다. 당신이 마음만 먹는다면 말이다.

옮긴이 공민희

부산 외국어 대학교를 졸업하고 영국 노팅엄 트렌트 대학교 석사 과정에서 미술관과 박물관, 문화유산 관리를 공부했다. 현재는 번역 에이전시 엔터스코리아에서 출판기획자 및 전문번역가로 활동 중이다. 옮긴 책으로는 『혼자 있고 싶은데 외로운 건 싫어』, 『자제력 수업』, 『기억의 제본사』, 『당신이 남긴 증오』, 『난민, 세 아이 이야기』, 『성스러운 공간의 모든 것』 등 다수가 있다.

익숙함을 버리고 불편함을 선택하라

어웨이크

초판 1쇄 발행 2019년 9월 18일
초판 2쇄 발행 2019년 10월 1일

지은이 피터 홀린스
옮긴이 공민희
펴낸이 김선준

기획편집 문주영
편집팀장 마수미 **편집팀** 배윤주
디자인 김미령
마케팅 권두리, 조아란, 오창록, 장혜선

펴낸곳 포레스트북스 **출판등록** 2017년 9월 15일 제 2017-000326호
주소 서울시 마포구 동교로 64-9, 2층
전화 02) 332-5855 **팩스** 02) 332-5856
홈페이지 www.forestbooks.co.kr **이메일** forest@forestbooks.co.kr
종이·출력·인쇄·후가공·제본 (주)현문

ISBN 979-11-89584-35-1 (03180)

포레스트북스(FORESTBOOKS)는 독자 여러분의 책에 관한 아이디어와 원고 투고를 기다리고 있습니다. 책 출간을 원하시는 분은 이메일 writer@forestbooks.co.kr로 간단한 개요와 취지, 연락처 등을 보내주세요. '독자의 꿈이 이뤄지는 숲, 포레스트북스'에서 작가의 꿈을 이루세요.